Robert Slawski

Ostfalen

Ein Titeldatensatz für die Publikation ist bei
der Deutschen Bibliothek erhältlich

ISBN 978-3-931656-90-4

Verlag Jörg Mitzkat
Holzminden, 2007

Druck: Lönneker, Stadtoldendorf

Bildnachweis:

Dr. Eva Goclik: S. 11; 27 u.r., u.l.; 37 u.; 43 u.r.; 44 u.r.; 49 o.; 53 u.r.: 56 l., r.; 57 o., u.;
                60 l.; 67 u.l.; 69 o.l., u.; 73 u.; 75 u.; 76 r., l.
Robert Slawski: S. 6; 12 l.; 24 o.; 26 u.; 34 l., r.; 39 r.; 40 u.; 42 o.; 45 u.r.; 59 o.; 75 o.; 77 o.; 81 l.
Andreas Grüttemann: S. 7 r.
Jutta Brüdern: S. 12 r.; 13 r.; 37 o.
P.H. Louw [nl.wikipedia.org/wiki/Langenstein_Zwieberge]: S. 15
Physikalisch-Technische Bundesanstalt (PTB): S. 15 u.
Tourist-Info Bad Harzburg: S. 20 m. (2)
Ulrich Schrader: S. 24 u.
Kurbetriebsgesellschaft Bad Salzdetfurth mbH: S. 30 u.l.
Niedersächsisches Staatsarchiv Wolfenbüttel: S. 30 r.
Stadt Bad Gandersheim: S. 31 u.l.
Stadt Salzgitter/Helmut Lingstädt: S. 39 o.l., m.l.
Herzog Anton Ulrich-Museum: S. 42 l.
Agnes-Pockels-Labor (TU Braunschweig): S. 43 u.l.
Herzog August Bibliothek Wolfenbüttel: S. 46 r.
Fr. Strube Saatzucht KG, Söllingen: S. 52 r.
Niedersächsische Landesamt für Denkmalpflege: S. 55 m.
Bildarchiv Inventarisierung der Kirchenprovinz Sachsen, Foto: Rüdiger Muschke: S. 61 u.r.
PeineMarketing / Bierwagen: S. 66 u.
Hoffmann von Fallersleben-Gesellschaft, Wolfsburg: S. 70 u.
Stadtarchiv Wolfsburg: S. 71
Hanno Meissner [de.wikipedia.org/wiki/Oebisfelde]: S. 77

alle weiteren Fotos: Sigurd Elert

Robert Slawski

Ostfalen

Landschaft zwischen Harz und Heide

Mit Fotos von Sigurd Elert

Verlag Jörg Mitzkat

Holzminden, 2007

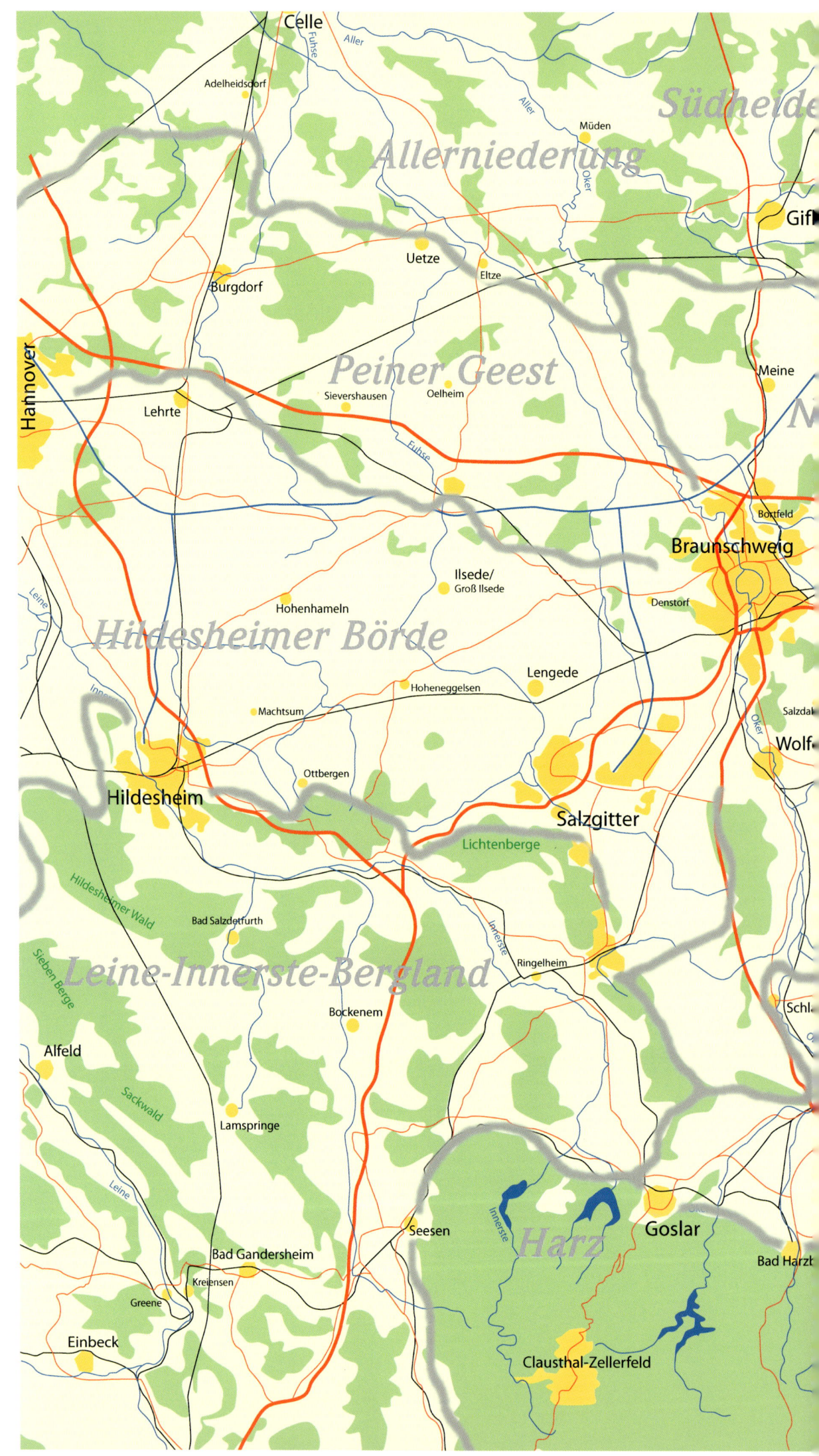

Celle
Aller
Fuhse
Aller
Adelheidsdorf
Müden
Oker
Südheide
Allerniederung
Gif
Uetze
Eltze
Meine
Burgdorf
Peiner Geest
M
Sievershausen
Oelheim
Hannover
Fuhse
Lehrte
Boxtfeld
Braunschweig
Ilsede/
Groß Ilsede
Denstorf
Hohenhameln
Hildesheimer Börde
Leine
Lengede
Innerste
Hoheneggelsen
Salzdah
Machtsum
Wolf
Hildesheim
Ottbergen
Salzgitter
Lichtenberge
Oker
Hildesheimer Wald
Bad Salzdetfurth
Leine-Innerste-Bergland
Innerste
Ringelheim
Sieben Berge
Schl
Bockenem
Alfeld
Sackwald
Innerste
Lamspringe
Leine
Seesen
Harz
Goslar
Bad Gandersheim
Bad Harzl
Kreiensen
Greene
Einbeck
Clausthal-Zellerfeld

4

Großes
Moor

Jahrstedt

Drömling

Ohre

Rühen

Mieste

Weyhausen

Vorsfelde

Aller

Oebisfelde

Calvörde

Ohre

Wolfsburg

Fallersleben

Velpke

...res Hügelland

Flechtinger

Flechtingen

Lehre

Weferlingen

Waldland

Haldensleben

Hödingen

Aller

Mariental

Walbeck

Hundisburg

Süpplingenburg

Königslutter

Helmstedt

Erxleben

Elm -
Lappwald

Magdeburger

Kneitlingen

Börde

Schöppenstedt

Schöningen

Ummendorf

Löss-Hügelland

Seehausen

Jerxheim

Hohes
Holz

Klein Wanzleben

Großes Bruch

Hamersleben

Oschersleben

Peseckendorf

Westerburg

Bode

Hessen

Schlanstedt

Osterwieck

Huy

Kroppenstedt

Ströbeck

Harzrandmulde

Halberstadt

Bode

...nburg

Langenstein

Wernigerode

Ruine Regenstein

Blankenburg

Quedlinburg

Elbingerode

Bode

Inhalt

Bei guter Fernsicht bildet der Brockengipfel den Orientierungspunkt in der ostfälischen Landschaft.

Einführung

Räumliche Zusammengehörigkeit.
Entwicklungslinien. Weltkulturerbe

Die Landschaft zwischen Harz und Heide, die in verschiedenen Formen vom Mittelgebirge in das norddeutsche Tiefland überleitet, wird in diesem Buch als ein zusammengehöriger Raum betrachtet. Es scheint, dass man den besonders engen historischen Beziehungen nur auf eine solche Weise gerecht werden kann, wobei die äußeren Grenzen nicht übermäßig zu betonen sind. Als ein erster Hinweis auf eine gemeinsame Geschichte kann die spezifische Ausprägung der niederdeutschen Mundart genommen werden. Das „ostfälische Platt" wird zwischen Gifhorn und Goslar, zwischen Hildesheim und Halberstadt in Traditionsgruppen lebendig gehalten.

Gleichwohl fehlt außerhalb der Sprachforschung eine allgemein verbindliche Bezeichnung für unsere Landschaft, was sich leicht aus der früh einsetzenden territorialen Zersplitterung erklären lässt. Es spricht jedoch wenig dagegen, die vielfältigen Verflechtungen hervorzuheben und diesen Raum als eine eigene kulturgeschichtliche Landschaft aufzufassen. Dafür steht der ältere Begriff Ostfalen zur Verfügung. Nimmt man eine weit gefasste Perspektive, so erscheint der Naturraum mit seiner Ausstattung als die Grundlage einer überaus facettenreichen Geschichte, deren Verbindungslinien sich vor allem in der kulturgeschichtlichen Überlieferung abzeichnen.

Damit kann der Versuch entfallen, sich an jungen oder an alten Verwaltungsgrenzen zu orientieren.

Einen germanischen Krieger des 7. Jahrhunderts zeigt der Reiterstein von Hornhausen (westlich Oschersleben). Das herausragende Zeugnis der Frühgeschichte wird als Emblem von der Landesarchäologie in Sachsen-Anhalt verwendet.

Sicher besitzt die Stadt Braunschweig – auch mit ihrer heutigen Einwohnerzahl von rund 240.000 – eine herausgehobene Stellung; zwischen 1753 und 1946 erfüllte sie die Aufgabe einer Residenz bzw. einer Landeshauptstadt in einem selbständigen deutschen Staat. Aber die Raummuster zwischen Harz und Heide sind nicht auf einen einzigen Mittelpunkt gerichtet. Sie stellen sich vielmehr dar als ein Neben- und Miteinander wirtschaftlicher und politischer Zentren, die trotz wechselnder Gewichte stets in einem engen Austausch gestanden haben. Eine solche Betrachtung wird dann

Bevor Kaiser Heinrich II. 1017 das erste Mal nach Goslar einlud, war die Pfalz Werla der wichtigste Versammlungsort im Flussgebiet der Oker. Die Ausgrabungen auf der Hochterrasse bei Schladen sind 2007 wieder aufgenommen worden.

auch den ganz jungen Großstädten Salzgitter und Wolfsburg gerecht, deren Anfänge erst in den Jahren 1937/38 zu suchen sind.

Ostfalen gehörte seit dem 10. Jahrhundet zu den historischen Kernlandschaften des deutschen Reiches, was sich mit der Wahl Heinrichs I. zum König im Jahr 919 sinnfällig erwies. Die Familie der Liudolfinger oder „Ottonen", die bis 1024 Könige und Kaiser stellte, besitzt ihre Heimat um Gandersheim im westlichen Harz-Vorland. Nördlich des Gebirges diente die Pfalz Werla als Traditionsstätte und Etappenort, während das höchste christliche Fest, Ostern, zumeist in Quedlinburg begangen wurde.

Dem Raum zwischen Harz und Heide fiel innerhalb der deutschen Geschichte eine wichtige, zuweilen auch eine entscheidende Rolle zu. Zunächst als Land der Könige, eine Funktion, die mit Lothar von Süpplingenburg im 12. Jahrhundert noch einmal auflebte, dann als Basis der Ostexpansion unter Heinrich dem Löwen. Die hansische Städtekultur des Spätmittelalters fand hier eine besonders deutliche Ausprägung. Für die lutherische Reformation erwies sich das Fürstentum Wolfenbüttel als der entscheidende Prüfstein und umgekehrt – nach dem Zerfall des Wolfenbüttelschen Großstaates – errichtete die Gegenreformation in Hildesheim einen wichtigen Vorposten. Mit Beginn der Industrialisierung lassen sich gerade im ostfälischen Raum beachtliche Beiträge zur technisch-gesellschaftlichen Entwicklung verzeichnen. Ferner ist festzuhalten, dass die nationalsozialistische Ära tiefgreifende Spuren im Siedlungsbild hinterlassen hat. Die Entstehung von Salzgitter und Wolfsburg ist erwähnt worden, die massiven Luftangriffe als Folge sind noch anzufügen.

Die Breite der Überlieferung zu zeigen, wie sie sich zeugnishaft in der Landschaft ausprägt, ist ein besonderes Anliegen dieses Bildbandes. Zunächst sei lediglich auf die drei Orte hingewiesen, die auf der Liste der Unesco als Weltkulturerbe verzeichnet sind. Hildesheim, dessen historische Fachwerkbebauung im März 1945 fast vollständig vernichtet wurde, besitzt mit der Kirche St. Michael und den Kunstschätzen des Domes herausragende Zeugnisse für die spätottonische Zeit (Bischof Bernward, † 1022). Quedlinburg ist als flächenhaftes Dokument deutscher Stadtbaugeschichte ausgezeichnet worden. Dort wird die Entwicklung der Fachwerk-Baukunst bis zum 18. Jahrhundert anschaulich, während die romanische Stiftskirche auf dem Burgberg noch die starken Entwicklungsimpulse unter den ersten deutschen Königen anzeigt. Die Gewichte verschoben sich jedoch bald nach Goslar, wofür das Silber aus dem Rammelsberg den Ausschlag gab. Das tausendjährige Bergwerk als technisches Denkmal, der kaiserliche Pfalzbezirk und die Stadtanlage selbst bilden dort die sehenswerten Kulturschätze.

Der Begriff Ostfalen. Die Bistümer.
Die Anfänge des welfischen Herzogtums

Um zu dem von uns gewählten Begriff Ostfalen zu gelangen, muss man etwas weiter in die Geschichte zurückblicken, und zwar in die Zeit Karls des Großen. Fränkische Militärunternehmen in altsächsisches Gebiet sind zwar schon lange vorher belegt, aber erst unter diesem Herrscher, seit dem Kriegszug von 772, wurde eine vollständige Unterwerfung der Sachsen und deren Christianisierung zum Hauptziel erklärt. Dies sollte mehr als 30 Jahre in Anspruch nehmen.

Da es von sächsischer Seite keine schriftliche Berichterstattung gibt, ist man allein auf die fränkischen Geschichtsquellen angewiesen, die bereits zuvor den Ort Schöningen am Elm erwähnen. Aus Sicht der Franken zerfiel das Gebiet der Altsachsen in drei Teilräume, die von den Völkerschaften der Westfalen, der Engern und der Ostfalen besiedelt wurden. Wie deren Zusammenhalt und ihre innere Gliederung tatsächlich aussah, ist unbekannt. Überliefert ist jedoch, dass sich ein größerer Teil des ostfälischen Adels im Jahr 775 an der Okerfurt von Ohrum dem fränkischen Kriegsherren

Der einstige Bischofsbezirk in Halberstadt nimmt ein länglich gestrecktes Plateau ein. Der Dom im Osten erhielt seit etwa 1230 einen gotischen Neubau, die Liebfrauenkirche im Westen zeigt noch die ältere Romanik.

Das Kanonissenstift in Gernrode, gegründet im Jahr 959, gehörte neben Quedlinburg, Gandersheim und Essen zu den vornehmsten im deutschen Reich. Der Ursprungsbau, eine Emporenbasilika, ist weitgehend erhalten.

unterwarf (16 Kilometer südlich von Braunschweig). Fünf Jahre später erfolgte dort eine christliche Massentaufe. Man darf annehmen, dass es sich bei Ohrum um den zentral gelegenen Ort inmitten einer weiträumigen Siedlungslandschaft handelt, die sich seit der Völkerwanderungszeit ausgebildet hatte.

Für die ersten Missionssitze wurden aber offenbar die bevölkerungsreichsten Gegenden ausgewählt (Elze bei Hildesheim, Osterwieck, Helmstedt). Die Einrichtung zweier Bistümer, die um 815 unter Karls Nachfolger Ludwig dem Frommen erfolgte, nahm aber wiederum die Oker als Mittellinie auf. Das westliche Gebiet erhielt in Hildesheim, das östliche in Halberstadt seinen dauerhaften Diözesansitz. An beiden Bischofssitzen konzentrierten sich in der christlichen Frühzeit religiöse, politische und wirtschaftliche Macht, noch bevor man von der eigentlichen Städtebildung sprechen kann.

Die geistlichen Sprengel der beiden genannten Bistümer, die bis in die Reformationszeit des 16. Jahrhunderts Bestand hatten, geben dem ostfälischen Gesamtgebiet seine erste Kontur. Allerdings ist zu beachten, dass von dem Halberstädter Sprengel, der bis zur Elbe reichte, 968 ein östlicher Streifen an das neu gegründete Erzbistum Magdeburg abgetreten werden musste. Magdeburg gewann durch diese Entscheidung Kaiser Ottos I. eine neue Orientierung, die weit über das ostfälische Gebiet hinaus in den zu missionierenden Raum

östlich der Elbe wies. Auch das lange Zeit unbedeutende Hannover gehörte nicht zu den beiden „ostfälischen Bistümern", sondern war der Diözese Minden zugeordnet.

Mit der Königsherrschaft der Liudolfinger zwischen 919 und 1024, die eine expansive Besitzpolitik in das nördliche Thüringen entfalteten, wurde der ältere Landschaftsname Ostfalen durch die Bezeichnung „Ostsachsen" ersetzt.

Dass hingegen der Begriff Westfalen, der ja heute noch zum festen Sprachgebrauch gehört, im späten 12. Jahrhundert wieder auflebte, ist historisch ein eher zufälliges Ergebnis. Zur Vorgeschichte gehört die eheliche Verbindung der süddeutschen Welfen mit dem Haus Kaiser Lothars, so dass diese neben Bayern nun auch Sachsen zu ihrem festen Einflussbereich zählen konnten. An den Kaiserenkel Heinrich den Löwen fielen schließlich beide Herzogtümer. In diese Zeit gehört der Ausbau Braunschweigs als Residenz von fast königlichem Rang. Nachdem sich das Friedensbündnis mit dem staufischen Vetter Kaiser Friedrich Barbarossa unübersehbar zur Konkurrenz gewandelt hatte, gehörte zum vernichtenden Gerichtsurteil von 1180 die Amtsenthebung Heinrichs des Löwen. Kurz danach erfolgte die Aufteilung des sächsischen Herrschaftsbereiches, dessen westlicher Teil, eben Westfalen, an den Kölner Erzbischof übergeben wurde. Ebenso liegt hier der Anfang der erstaunlichen Wortwanderung, die den Begriff „Sachsen" schließlich die Elbe aufwärts bis nach Dresden überführte.

Wahrscheinlich schrieb man das Jahr 1166, als Herzog Heinrich den Bronzelöwen auf dem Braunschweiger Burgplatz aufstellen ließ: Symbol für Familie und Person. Das erste frei stehende Denkmal in Deutschland.

Die formale Aussonderung eines welfischen Reichslehens, das die territoriale Zersplitterung im ostfälischen Raum besiegelte, erfolge im Jahre 1235 unter Heinrichs Enkel Otto, genannt „das Kind". Bereits in der nächsten Generation begannen die Erbteilungen in diesem neu geschaffenen Herzogtum Braunschweig-Lüneburg.

Territorien und Grenzen seit dem späten Mittelalter. Lokales Geschichtsbewusstsein

Das Mittelalter hinterließ in Ostfalen einen Flickenteppich von territorialen Gebilden, von denen das größte aus den welfischen Erbteilungen resultierte: das Fürstentum Braunschweig-Wolfenbüttel. Starke Positionen besaßen auch die Fürstbischöfe in Hildesheim und Halberstadt, die ja neben den weiträumig gefassten geistlichen Sprengeln über ein engeres Gebiet als weltliche Herren herrschten. Aber gerade das Hildesheimer Beispiel sollte zeigen, wie schnell sich die Situation verändern kann, als nämlich der Wolfenbütteler Herzog Heinrich d.J. mehr als die Hälfte des bischöflichen Landgebietes okkupierte (Stiftsfehde, 1519-23). Ferner sind einige selbständige Grafschaften und mehrere Reichsklöster bzw. Reichsstifte aufzuführen, von denen das Quedlinburger Damenstift über ein ansehnliches Territorium verfügte. Unter den Städten besaß das reichsfreie Goslar einen scheinbar gesicherten Status. Die übrigen großen Städte betrieben nur aufgrund ihrer Wehr- und Finanzkraft eine weitgehend eigenständige Politik. Diese Stadtrepubliken wurden seit Beginn der Neuzeit – meist unter Waffengewalt – in die sich festigenden fürstlichen Landesherrschaften eingegliedert. Als eine der letzten Bastionen hansischer Freiheit wurde die Stadt Braunschweig 1671 bezwungen.

Wie weit die staatliche Gebietszersplitterung noch im mittleren 19. Jahrhundert reichte, lässt sich geradezu anekdotenhaft für August Heinrich Hoffmann schildern, der sich nach seinem Geburtsort „von Fallersleben" nannte. Der Sprachforscher und Schöpfer der deutschen Nationalhymne wurde nach der Entlassung aus dem preußischen Staatsdienst seit 1842 in etlichen deutschen Ländern verfolgt, zeitweise gar steckbrieflich gesucht. Den Häschern in Fallersleben, das damals zum Königreich Hannover gehörte, entkam er mehrfach, indem er sich auf Braunschweiger Staatsgebiet flüchtete. Auf dem Weg in das kaum 10 Kilometer entfernte Vorsfelde, zu Freunden, musste er die preußischen Exklaven um das Schloss Wolfsburg meiden.

Reste von lokalem Eigenbewusstsein finden sich an vielen Stellen des ostfälischen Gebietes. In der ehemals braunschweigischen Exklave Calvörde bei Haldensleben, heute zu Sachsen-Anhalt, ist die ältere Zugehörigkeit nicht vergessen. In noch stärkerem Maße gilt dies für die einstige Grafschaft Blankenburg, wo sogar die evangelischen Gemeinden jetzt wieder der braunschweigischen Landeskirche angehören. Aber ebenso könnte man die Stadt Goslar mit einem ausgeprägten Stolz auf die eigene Geschichte anführen oder auch das Hildesheimer Landgebiet, das sich eine eigene Identität bewahrt hat.

Über den kulturellen Austausch, der die Landes- und Gebietsgrenzen überspannte, geben neben den vielfältigen personellen Verbindungen vor allem die gemeinsamen Entwicklungslinien in der Baukunst Auskunft. Festzuhalten bleibt: Die angeführten Grenzen waren stets durchlässig, was auch in wirtschaftlicher Hinsicht galt. Diese Situation sollte sich erst nach 1945 grundlegend ändern. Die Demarkationslinie zwischen der britischen und der sowjetischen Besatzungszone, die im Großen eine preußische Landesgrenze nachzog und im Kleinen auf staatsrechtliche Enklaven keine Rücksicht nahm, wandelte sich zum „eisernen Vorhang". Dieser teilte nicht nur Ostfalen, sondern wurde zur Scheidelinie zweier weltpolitischer Machtblöcke.

Wenn nach der Grenzöffnung der DDR vom 9. November 1989 und der im nächsten Jahr folgenden

Der Legende nach war der Rosenstock bereits vorhanden, als der Hildesheimer Dom gegründet wurde. Ein bezeugtes Wunder hingegen ist das Neuaustreiben aus dem Brandschutt des Jahres 1945.

deutsch-deutschen Wiedervereinigung manches zusammengewachsen ist, was zusammen gehört, so ist doch ein Rest der jahrzehntelangen Entfremdung immer noch spürbar. Bedauerlich ist, dass die administrativen Zuständigkeiten der Bundesländer Niedersachsen und Sachsen-Anhalt nur in wenigen Fällen zu dauerhafter Kooperation geführt haben. Eines dieser Projekte ist seit 2006 der vereinigte Nationalpark Harz.

Letztlich soll dieser Bildband auch helfen, die gemeinsamen kulturellen Wurzeln diesseits und jenseits der neuen Landesgrenzen deutlicher zu erkennen.

Vom Harz zur Heide. Naturräumliche Gliederung

Ostfalen hat im Süden mit dem Harz Anteil am hohen Mittelgebirge und umfasst im Norden noch einen Randbereich des Naturraumes Lüneburger Heide. Der Brockengipfel erreicht die Höhe von 1141 Metern. Als Anhaltspunkt für das norddeutsche Tiefland kann die Mündung der Oker in die Aller mit einem Messwert von 46 Meter über NN genommen werden.

Der landschaftliche Übergang ist jedoch keineswegs gleichmäßig ausgeprägt. Im Westen ist dem Harz ein enger gekammertes Bergland vorgelagert, das durch die Innerste und die Leine sowie einige kleinere Flüsse zerschnitten wird. Die Gipfelhöhen betragen hier oft zwischen 300 und 400 Meter. Einige markante Höhenrücken, wie etwa die Salzgitteraner Lichtenberge, begrenzen diesen Landschaftsraum nach Norden, an den sich ein nur flachwelliges Relief anschließt.

Hingegen fällt der Harz an seiner nördlichen Seite mit einer Steilstufe zum Vorland ab, wobei diese durch die breite Gebirgsrandmulde noch deutlicher in Erscheinung tritt. Die Randmulde wird von den Flüssen Oker und Ilse, Holtemme und Bode durchquert, die flache Schotterkörper ausgebildet haben. Daneben treten aber auch einzelne, teils schroffe Sandsteinbildungen auf, die – nicht von ihrer Substanz, aber durch ihre salzbedingte Heraushebung – bereits das Verständnis für das ostfälische Hügelland vorbereiten, das sich weit nach Norden vorschiebt. Dort entsteht die charakteristische Gliederung durch eine Abfolge aus weitgespannten, ackerbaulich genutzten Mulden und zumeist waldbestandenen Höhenrücken, von denen der Elm sicher der bekannteste ist. Neben dem Elm gehören zur Gruppe der flach aufgewölbten Breitsättel auch Oderwald und Großer Fallstein, zu den durch steil aufgerichtete Gesteinsschichten geprägten Schmalsätteln zählen Harly, Huy (sprich „Hü") und der Asse-Heeseberg-Höhenzug.

Im Osten, jenseits von Lappwald und Hohem Holz, werden wiederum flachwellige Geländeformen bestimmend, die für die Magdeburger Börde fast sprichwört-

lich geworden sind. Doch zunächst kündet der Grabenbruch des oberen Allertales von einer besonderen geologischen Situation. Nach Nordosten schließen sich bis zum Flechtinger Höhenrücken in leichter Neigung immer ältere Schichten an; dieser selbst entspricht mit seinen Gesteinen der sehr alten Harzscholle.

Von Süden aus gesehen finden wir die letzten vereinzelten Festgesteinsvorkommen auf einer Linie, die sich nördlich von Peine im Fissenberg ausprägt und dann den Wolfsburger Klieversberg berührt. Jenseits finden sich nur noch eiszeitliche Lockersedimente. Dominant sind hier Reliefbildungen des Eiszeitalters, zu denen das Niederungsgebiet Drömling und das Allerurstromtal gehören. An ihrem Rand, besonders im Nordosten, sind auch einige Staffeln der zusammengescho-

Am Lutterspring oberhalb des Städtchens Königslutter steht man an der stärksten Quelle im Elm. Der freundliche Ort ist zugleich ein beliebter Ausgangspunkt für längere Wanderungen durch den prächtigen Buchenwald.

benen Endmoränen noch als Hügelketten zu erkennen. Zwischen den flachen Geestplatten dehnen sich oft Moore, die ein Ergebnis der nacheiszeitlichen Wiedererwärmung darstellen.

Mit der Reliefbeschreibung treten die Umrisse einer landschaftlichen Gliederung vor Augen, die sich auch in der Kapiteleinteilung dieses Buches spiegelt. Ein bestimmendes Kriterium ist jedoch noch hinzuzufügen: die Lössverbreitung und die mit ihr zusammenhängende Bodenbildung (insbesondere Schwarzerde).

Löss, als ein durch späteiszeitliche Staubstürme angewehtes Sediment, überzieht die ebenen und leichtwelligen Gebiete des Harzvorlandes und greift in Buchten auch in das Leine-Innerste-Bergland ein. Zumeist lässt sich eine Mächtigkeit von 1 - 2 Metern feststellen. Die Nordgrenze des sehr fruchtbaren Feinmaterials, in seiner Korngröße zwischen Sand und Ton einzuordnen („Schluff"), ist aufgrund der speziellen Ablagerungsbe-

Wo die Harzflüsse das Gebirge verlassen, beginnen die Steinfelder, die sich weit nach Norden hinziehen. Ihre Entstehung fällt ins eiszeitliche Kaltklima. Auf den Talflächen herrschen eigentümlich karge Vegetationsbedingungen.

dingungen recht scharf ausgeprägt. Sie wird zwischen Hannover und Braunschweig ungefähr durch den Mittellandkanal nachgezogen und ab dort von der Bundesstraße 1. Die Lössgrenze scheidet die landwirtschaftlich wenig ertragreichen Gebiete im Norden von den begünstigten Bördelandschaften des Südens.

Löss und Ackerbau. Ältere Siedlungslandschaft. Die besten Böden Deutschlands

Die Lössverbreitung ist für die gesamte Siedlungsgeschichte seit der Jungsteinzeit von überragender Bedeutung. Bereits die ersten Ackerbauern, die vor 7500 Jahren aus dem Südosten Europas einwanderten, hatten den Wert der Schwarzerdeböden erkannt. Sie hielten sich mit ihrem Siedlungsgebiet strikt an die Lössverbreitung. Bedeutende Ausgrabungsstätten für die bandkeramische Kultur liegen am südlichen Elmrand und an der Asse.

Die Großsteingräber hingegen, die sich bei Helmstedt und in außerordentlicher Häufung im Haldensleber Forst finden, stehen für die nördlich beheimateten Menschengruppen. Und zwar für den Zeitpunkt, als diese vor etwa 5500 Jahren in unserem Raum eben-

falls zu Ackerbau und Viehzucht übergingen. Die Lössgrenze bildete also über lange Zeit auch eine markante Kulturgrenze.

Zu- oder Abwanderung, Verringerung oder Vermehrung der Bevölkerung in der Bronze- und Eisenzeit lässt sich auch angesichts einer beträchtlichen Zahl an archäologischen Ausgrabungen kaum klären. Sicher ist jedoch, dass die weithin offene ostfälische Landschaft wiederholt zur Kontaktzone verschiedener Kulturen wurde, deren Einflüsse von Südosten, von Südwesten oder von Norden hierher reichten. Zum prähistorischen Inventar gehören bis heute die hohen steilen Grabhügel (Tumuli). Unter schützendem Wald blieben ganze Felder von bronzezeitlichen Hügelgräbern erhalten sowie große und kleine Ringwallanlagen mit sehr unterschiedlicher Zeitstellung.

Nimmt man die schrifthistorisch einigermaßen überschaubaren Zeiten, also die letzten 1200 Jahre, so ist zu verfolgen, wie sich in der begünstigten Lösszone ein dichtes Netz agrarischer Siedlungen ausbildet, die nicht nur von ihrer Anzahl, sondern auch in ihrer Größe die Dörfer der nördlichen Gebiete weit übertrafen.

Selbst die überkommenen dörflichen Hausformen, deren älteste Beispiele ins 16. Jahrhundert zurückreichen, zeigen die andersartige wirtschaftliche Orientierung. In den Heidelandschaften und den geestähnlichen Gebieten herrscht das längsaufgeschlossene niederdeutsche Hallenhaus, das die stärkere Hinwendung zur Viehzucht zeigt. In den Börden ist der queraufgeschlossene mitteldeutsche Haustyp zu finden, der dem intensiveren Ackerbau gerecht wird. Dieser Bautyp konnte in unterschiedlichen Varianten zu eng geschlossenen Gehöften fortgebildet werden.

Der Begriff Börde wird von „tragen, ertragreich" hergeleitet. Eine zweite Deutung verweist auf die zu erbringende Steuerleistung, was aber lediglich als eine andere Sichtweise erscheint: Wo viel erwirtschaftet wird, kann auch viel weggeholt werden.

Halberstadt besitzt eine kräftige jüdische Tradition, die sich im 18. Jahrhundert unter preußischem Regiment entfalten konnte. Eine ganze Reihe von Kultstätten zeigen die Geschichte, die Moses-Mendelssohn-Akademie handelt für die Gegenwart.

Die barocke Fassade der Heiligkreuz-Kirche in Hildesheim steht für das Kunstschaffen im Zeichen der katholischen Gegenreformation. Das Fürstbistum bildete den Außenposten im evangelischen Norden (siehe auch S. 32).

Bemerkenswert früh, mit einem Landtagsbeschluss des Jahres 1433, beginnt im Braunschweigischen eine Schutzpolitik gegenüber dem Bauernstand. Die Initiative dafür lag beim Wolfenbütteler Herzog. Die anderen Nutznießer, Klöster und Adel, und auch einige städtische Grundeigentümer, mussten ihre Ansprüche begrenzen. Aber dies waren nur Verteilungskämpfe. Der auf dem Lande erarbeitete Wohlstand spiegelt sich vornehmlich in den Bauzeugnissen der Städte, die den Austausch der Waren organisierten, und mit Beginn der Neuzeit auch zunehmend in der Repräsentation der fürstlichen Landesherren.

Die Landwirtschaft der Bördezone erlebt in der zweiten Hälfte des 19. Jahrhunderts nach tiefgreifenden Reformen einen phänomenalen, bis heute sichtbaren Aufschwung. Der neu aufkommende Anbau der Zuckerrübe trug dazu nicht unwesentlich bei. Aber auch herausragende pflanzenzüchterische Leistungen, wie etwa im halberstädtischen Schlanstedt durch Rimpau und Strube, sind zu erwähnen.

Schließlich bestätigte die bundesdeutsche Bodenschätzung, dass die besten Ackerflächen Deutschlands in der Braunschweig-Hildesheimer Börde zu finden sind. Ebenso wie für einige Flurstücke in Eickendorf südlich von Magdeburg wurde hier, in der Gemarkung von Machtsum, der Höchstwert von 100 Punkten festgesetzt. Dieser wird nach neueren Untersuchungen in einigen Nachbardörfern noch übertroffen.

Metallerze und andere Bodenschätze

Ostfalen ist reich an Bodenschätzen. Der Harz, als emporgehobene Großscholle aus dem Erdaltertum, birgt ganz verschiedene Metallerze, von denen die Silbervorkommen am bekanntesten sind. Die Gesteinsserien des Erdmittelalters im nördlichen Vorland enthalten in unterschiedlichen Horizonten ausgedehnte Eisenerzlager. Als modellierende Kraft wirkte dabei das unterlagernde, sehr mächtige Paket aus Stein- und Kalisalz. Erdölvorkommen finden sich an den Flanken der aufgedrungenen Salzstöcke. Das sogenannte dritte Erdzeitalter (Tertiär) hinterließ in der Helmstedt-Staßfurter Mulde ein Braunkohlevorkommen, das sich aus langsam versinkenden Sumpfwäldern bildete.

Von seiner Bedeutung für die kulturgeschichtliche Entwicklung fällt zunächst dem Steinsalz eine entscheidende Rolle zu. An etlichen Stellen im ostfälischen Raum tritt salzhaltiges Wasser zutage, das eine ganz eigentümliche Prägung der Vegetation bewirkt (heute noch: Salzwiesen bei Barnstorf und Jerxheim im Landkreis Helmstedt und im oberen Allertal bei Ummendorf). Bereits für die späte Jungsteinzeit ist das Aussieden der Sole wahrscheinlich und kann für die Bronzezeit als sicher gelten. Die siedende Gewinnung des „weißen Goldes" behielt ihre Bedeutung bis fast in die Gegenwart. Verschiedene Orte tragen das Salz im Namen, andere verdanken ihre frühe Erwähnung den Solequellen (Schöningen 748 n.C., ältester Namensbeleg in Niedersachsen).

Die Anfänge des Harzer Bergbaus liegen nach neueren Forschungen deutlich früher, als bisher angenommen. Mindestens seit der Zeit um Christi Geburt wurde

Der Braunschweiger Wallring bietet hervorragende Beispiele für die klassizistische Stilepoche. Die von Peter Joseph Krahe geschaffene Villa „Salve Hospes" (1805-08) wird heute vom Kunstverein genutzt.

dort nach Erz gegraben. Das Goslarer Silber sollte dann für die frühen deutschen Könige zum Staatsschatz werden. Nach einer spätmittelalterlichen Krise gewann seit dem 16. Jahrhundert der Oberharzer Bergbau erneut an Bedeutung. Die Freiheiten der „Bergstädte" belegen den Versuch, tatkräftige Menschen in das unwirtliche Gebirge zu ziehen, in dem allein durch Landwirtschaft kaum eine Existenz zu begründen war. Vom Bergbau profitierten ebenso die Orte am Harzrand.

Im Verlauf des 19. Jahrhunderts verlagerte sich die bergbauliche Aktivität ins nördliche Vorland. Während einerseits viele Harzer Erzgänge ihre baldige Erschöpfung anzeigten, wurden andererseits neue Lagerstätten und überhaupt ganz neue Rohstoffe erschlossen.

Bald nach der Jahrhundertmitte wurde in Staßfurt ein Steinsalz-Bergwerk angelegt, auf dessen Abraumhalde man Kalisalze erkannte, die Mineraldünger und chemische Grundstoffe liefern konnten. Danach entstanden im ostfälischen Raum zahllose Bergwerke, die bis zum Ersten Weltkrieg den größten Teil der Weltkaliproduktion lieferten. Zugleich wurde den natürlichen Erdölaustritten am Rande von Salzstöcken eine verstärkte Beachtung geschenkt. 1881 brach nach Bohrungen nördlich von Peine für kurze Zeit ein „Ölfieber" aus. Eine geringe Förderung ist dort auch heute noch zu verzeichnen.

Bereits um 1820 war ein Eisenerzlager bei Lengede entdeckt worden. Die Verarbeitung in Hütten- und Walzwerken, ergänzt um weitere Tage- und Tiefbaue, entwickelte sich dann seit 1856 in einer Zone, die von Groß Ilsede bis Peine reicht. Die altbekannten Eisenerze am Salzgitter-Höhenzug wurden nun vermehrt als Zuschlag genutzt. Den Durchbruch zur großindustriellen Verarbeitung dieser „sauren" Erze brachte aber erst ein technisch neues Verfahren. In dessen Folge und unter den Vorzeichen der nationalsozialistischen Aufrüstungspolitik entstand im Salzgittergebiet die größte Baustelle Europas. Neben einem Geflecht von Bergwer-

Das Schloss in Wernigerode kann als das ostfälische Gegenstück zum bayerischen Neuschwanstein gelten. In den Tiefkellern verbergen sich Reste der Grafenburg, die bis ins 12. Jahrhundert zurückreicht.

ken war ein gigantisches Hüttenwerk geplant. Die ersten Hochöfen lieferten fast pünktlich zu Kriegsbeginn im Herbst 1939 das begehrte Roheisen.

Die Gewinnung der Braunkohle von Helmstedt und Oschersleben reicht mit ihren bescheidenen Anfängen bis in das ausgehende 18. Jahrhundert zurück. Der suk-

zessive Übergang zum Tagebau schlug bis zum heutigen Tag der dortigen Landschaft gewaltige Wunden. Das jüngste und definitiv letzte Abbaufeld, Schöningen-Süd, brachte dann noch eine kulturgeschichtliche Sensation zum Vorschein. Bei den begleitenden archäologischen Untersuchungen konnten die ältesten erhaltenen Jagdwaffen der Menschheit geborgen werden. Die „Schöninger Speere" sind rund 400.000 Jahre alt.

Die Gewinnung von Rohstoffen spielt mittlerweile in Ostfalen nur noch eine geringe Rolle. Allerdings wird man ohne die Kenntnis der Bergbaugeschichte die daraus erwachsene Industrie- und Siedlungslandschaft kaum verstehen. Anschauliche Präsentationen für die Situation „untertage" bieten die Harzer Bergbaumuseen. Und eine zeitgemäße Nutzung von salzigem Wasser findet sich in mehreren Kurorten, die über Sole-Bäder verfügen.

Die Gegenwart. Landschaft zum Entdecken und Erleben

Der ostfälische Raum ist kein erstarrtes Museum seiner eigenen Vergangenheit, sondern bildet mit seinen zwei Millionen Einwohnern eine europäisch eingebundene, aktive Wirtschaftszone. Manchmal wundert man sich, wie nahe Idylle und Industrie hier beieinanderliegen.

Wovon lebt diese Landschaft? – Neben den breit ausgebildeten Sektoren Handwerk, Handel und Dienstleistung sind es vor allem die Nachfahren einer älteren maschinenbauenden Industrie, die immer noch die Wirtschaftskraft bestimmen. Und dabei dominiert der Fahrzeugbau für Straße und Schiene, ergänzt um benachbarte Produktionszweige, insbesondere Stahlerzeugung und Elektronik, die zusammengenommen rund 100.000 Industrie-Arbeitsplätze bereitstellen.

Eine entscheidende Rolle in der Zukunft dürfte dem Bereich Wissenschaft und Forschung zufallen. Die Anfänge zeichnen sich bereits im mittleren 18. Jahrhundert mit der Gründung des „Collegium Carolinum" ab, dem Vorläufer der Technischen Universität Braunschweig. Das heutige Spektrum an Großforschungseinrichtungen, Fachbehörden und Instituten in Ostfalen reicht von Physik, Luftfahrt und Mikroelektronik über Chemie und Biotechnologie bis zur Pflanzenforschung, wobei diese noch am deutlichsten auf die einstige Grundlage der wirtschaftlichen Entwicklung, die hohe Bodenfruchtbarkeit, zurückweist.

Es ist in vielfacher Hinsicht erhellend, Wirtschaft und Siedlungswesen auf dem Hintergrund der naturräumlichen Bedingungen zu betrachten. Ganz unterschiedliche Entwicklungsstränge lassen sich auf diese Weise erkennen und eröffnen ein tieferes historisches Verständnis. Letztlich geht es dabei um das Zusammen-

Im Sandsteingebiet südlich von Halberstadt mussten Häftlinge 1944/45 unter mörderischen Bedingungen eine unterirdische Fabrik anlegen. An das unsägliche Leid erinnert die Gedenkstätte Langenstein-Zwieberge.

spiel von Mensch und Landschaft, wobei sich im Abstand von einigen Generation die Aufgaben jeweils gründlich verändert haben.

Landschaft besitzt aber auch ein Eigenrecht auf Wahrnehmung. Man erkennt die Bedürfnisse der modernen Menschen nach Naturerlebnis besonders im Blick auf die touristisch hervortretenden Gebiete von Harz und Heide, daneben erweist sich auch das Leinebergland durch den hohen Waldanteil als attraktiv. Etwas anders verhält es sich im Naturpark Elm-Lappwald, der eher einen ländlichen Kulturraum erschließt, und wiederum anders im Niederungsgebiet Drömling, das besonders zur Beobachtung der Vogelwelt einlädt.

Den Bogen zur historischen Landeskultur schlagen die dörflichen und städtischen Siedlungen, die in ihrem älteren Kern, in Anlage und in Bebauung, eine reiche und oft auch wechselvolle Geschichte spiegeln. In etlichen kleineren Städte findet man Fachwerkzeilen in bemerkenswerter Geschlossenheit vor. Hinzunehmen muss man die ländlichen Adelssitze, die Zeitschichten von der mittelalterlichen Burg bis zum barocken Schloss vertreten. Neben den überregional geltenden Entwicklungslinien lassen sich auch vielfach Zeugnisgruppen erkennen, die eine stark regionale Prägung aufweisen und damit zur Illustration von spezifisch ostfälischen Traditionen dienen. Als Beispiele mag man hier den Typus der romanischen Dorfkirche mit dem querrechteckigen Turmbau nehmen oder besser noch das durch Schnitzwerk betonte traufständige Bürgerhaus aus Spätgotik und Renaissance. Als eine entscheidende Zäsur wirkt dann die beginnende Industrialisierung mit ihrem rasanten Bevölkerungswachstum, die überall mehr oder minder deutliche Spuren hinterlassen hat. Aber auch für die letzten eineinhalb Jahrhunderte finden wir eindrucksvolle, zeittypische Beispiele, etwa im Siedlungsbau, während manch kleines Zeugnis überraschend eine Etappe der technischen Entwicklung beleuchtet.

In kunsthistorischer Hinsicht sind alle Stilepochen mit einer Überfülle an guten, oft sogar an hervorragenden Werken vertreten. Während die Museen und neben ihnen Kirchen und kirchliche Schatzsammlungen Kleinkunst und Malerei bewahren, lässt sich die Architekturgeschichte im Außenraum verfolgen. Die baugeschichtliche Überlieferung setzt im 10. Jahrhundert ein (Walbeck, Gernrode, wenig später Hildesheim). Romanik, Gotik, Renaissance, Barock und Klassizismus sind im ostfälischen Raum in ihrer gesamten Entwicklung nachzuvollziehen. Es wäre gut möglich, damit eine deutsche Kunstgeschichte zu schreiben, wenn auch mit starker regionaler Tönung. Und fügen wir noch an, dass auch die Moderne nicht zurücksteht. Neben den plastischen Bildwerken, die vielfach auf zentralen Plätzen Akzente setzen, sind ganz exzellente Leistungen der Architektur zu verzeichnen. Man kann dazu nach Wolfsburg fahren, um die Bauten von Aalto, Scharoun und Hadid zu sehen. Oder nach Alfeld an der Leine, wo eines der wichtigsten Zeugnisse der modernen europäischen Architekturgeschichte zu besichtigen ist.

Die offizielle Zeit in Deutschland wird über eine Atomuhr in Braunschweig gesteuert, deren Sekunden-Genauigkeit für eine Million Jahre reicht. Sie befindet sich in der Physikalisch-Technischen Bundesanstalt, die einen wichtigen Bestandteil der Forschungsregion Braunschweig bildet.

Der nördliche Harz · Goslar

D er Harz bleibt in der ostfälischen Landschaft stets präsent. Bei guter Sicht ist es gar kein Problem, den Brockengipfel aus 40 oder mehr Kilometern am Horizont zu entdecken.

Neben dieser äußeren Wahrnehmung kann man ganz unterschiedliche Aspekte hervorheben. Zum Beispiel die attraktive Ferienlandschaft, die sich bereits mit den Harzreisen Goethes ankündigt. Heute lebt die Bevölkerung im wesentlichen von den Gästen, wenn man von der kleinen technologischen Ergänzung rund um die Universität in Clausthal absieht.

Oder das Harzgebirge als siedlungsfeindliches Verkehrshindernis. Der erdgeschichtlich sehr alte Gebirgsblock erhebt sich an seiner nordwestlichen Seite mit einer über 300 m hohen Steilstufe. Die uralten Fernwege schlagen einen Bogen um den Harz. Und für den Ackerbau war wegen Kälte, Wind und hohem Niederschlag wenig zu holen. Was also wollte man dort oben? Die Antwort: Erz.

Der Gewinnung von wertvollen Metallen wurde schließlich alles andere dienstbar gemacht. Sogar der heutige Waldbestand ist eine Folge von Bergbau und Verhüttung: Nachdem man die vorfindlichen Buchenwälder abgeholzt hatte, pflanzte eine straffe Forstverwaltung seit dem 18. Jahrhundert die schnellwüchsige Fichte.

Am nördlichen Harzrand reihen sich kleinere und größere Orte wie auf einer Perlenschnur. Die Lage an den Taleinschnitten weist auf den regen Austausch zwischen Vorland und Gebirge hin. In Ilsenburg kann eine Kunstguss-Hütte besichtigt werden, Bad Harzburg wird durch seine älteren Kurbauten geprägt. Wernigerode und Blankenburg bildeten einst den Hauptort einer eigenen Grafschaft.

Die älteste und bedeutendste Stadt ist Goslar. Silber, Kupfer und Blei lagen hier sozusagen vor der Haustür. Unter Kaiser Heinrich III. († 1056) wird Goslar für einige Zeit glanzvoller Hauptort des deutschen Reiches. Das bürgerliche Gemeinwesen erlebte eine Blüte im frühen 16. Jahrhundert. Die erhaltene historische Stadtanlage mitsamt dem bis 1988 betriebenen Bergwerk Rammelsberg gelten nun als Weltkulturerbe.

Ein Kranz aus Wiesen umzieht die Harzdörfer (links: Wildemann). Die Viehhaltung diente der auf den Bergbau orientierten Bevölkerung allerdings nur als Zubrot.
Im Westharz wird der Viehaustrieb gefeiert. Weiter östlich wird das Grasedanz-Fest als Abschluss der Heuernte begangen. Die Frauen von Hüttenrode (oben) halten diesen Brauch lebendig.

Die Funktürme verleihen der 1141 Meter hohen **Brockenkuppe** eine auffällige Silhouette. Die Granit-Gesteine in diesem Teil des Harzes treten vielfach mit Klippen in Erscheinung, die eine charakteristische blockhafte Verwitterung zeigen.

Das **Okertal** fasziniert nicht nur den Wanderer, sondern auch die Kajakfahrer, die dabei auf eine gewisse Mithilfe aus der Talsperre hoffen können.

Der Harz als touristisch erschlossene Landschaft bietet Raum für die unterschiedlichsten Sportarten. Die Angebote der Nationalparkverwaltung zielen auf die Natur, wobei sich Kenntnis und Erlebnis verbinden. Einen wiederum anderen Aspekt bietet die Märchen- und Sagenwelt.

Der großartige Palastbau im Goslarer Pfalzbezirk geht in seinen wesentlichen Teilen auf Heinrich III. zurück (König 1039-1056, Kaiser seit 1046). Er bestimmte, dass sein Herz in Goslar bleiben solle; die bewahrende Kapsel befindet sich in der Pfalzkapelle St. Ulrich. Die Rekonstruktion des arg in Verfall geratenen Kaiserhauses wurde seit 1866 unter preußischer Verantwortung ausgeführt. Das Reiterstandbild von Wilhelm I. neben Friedrich Barbarossa sollte dann die angebliche Nachfolge im Kaisertum vorführen.

Die Schachtanlage am Rammelsberg oberhalb von Goslar ist von der Unesco als technisches Denkmal ausgezeichnet worden, wobei man von einer mehr als tausendjährigen Betriebsdauer ausging (letzte Förderschicht 1988). Das Goslarer Museum und auch andere Schaubergwerke im Harz bieten die Möglichkeit, die Welt der Bergleute „untertage" kennenzulernen.

Zur denkmalwürdigen Gesamtanlage gehört auch die Befestigung, die seit Ende des 15. Jahrhunderts in außerordentlich massiver Weise erneuert wurde. Aber bereits die erste große Bewährungsprobe endete mit einem Desaster, da die Belagerer mit weitreichenden Kanonen über die Mauern hinweg in die Stadt zielten. Im Riechenberger Vertrag (1552) mussten die Bergrechte an den Wolfenbütteler Herzog abgetreten werden. Der nachfolgende wirtschaftliche Niedergang trug dazu bei, das sich am alten Stadtbild nur noch wenig änderte.

e auch in den anderen alten Städten Ostfalens spiegelt sich die spätmittelalterliche, bürgerlich geprägte Blütezeit vor allem den Bauten am Marktplatz. Im gotischen Rathaus blieben wesentliche Teile der Innenausstattung erhalten. Der Marktbrunn wurde wohl bald nach 1340 errichtet und erhielt als Aufsatz den vergoldeten Adler, der in besonderer Weise die neu ungene Stellung als freie Reichsstadt betont. Kunsthistorisch besonders interessant ist der Korpus der Figur, dessen Bronze- ss weit älter ist als die Brunnengestaltung.

Das Hospital zum Großen Heiligen Kreuz ist 1254 gegründet worden. Solche Einrichtungen waren einst in allen mittelalterlichen Städten vorhanden, sind jedoch nur selten erhalten geblieben.

Bad Harzburg atmet den Geist eines alten Kur- und Erholungsortes, eine Entwicklung, die bereits mit der Eröffnung der braunschweigischen Eisenbahnstrecke 1840 eingeleitet wurde. Die Wandelhalle von 1898 steht unter Denkmalschutz.

Die Harzburger Galopprennbahn gehört nicht zu den ganz großen Plätzen in Deutschland, besitzt aber doch eine sehr lange Tradition – und ein besonderes Flair. Rund 50.000 Besucher zählt man während der Rennwoche im Juli, die vor der malerischen Kulisse der Harzberge ausgetragen wird.

Fürstliches Repräsentationsbedürfnis kann zeitbedingt zu sehr unterschiedlichen Resultaten führen. Während am alten Grafensitz in **Wernigerode** seit 1862 das romantische Abbild einer Ritterburg neu errichtet wurde (das ostfälische „Neuschwanstein"), vertritt das benachbarte **Blankenburg** die Barockzeit. Der Terrassengarten erhebt sich über dem „Kleinen Schloss".

Während die übrigen Harzflüsse auf kurzem Wege dem Vorland zustreben, nimmt die **Bode** einen langen windungsreichen Lauf durch das Gebirge. Der Abschnitt zwischen Treseburg und Thale (Gebirgsrand), der sich wie ein Canyon bis zu 250 Meter eingetieft hat, gehört sicher zu den landschaftlich schönsten Partien im Harz. Hoch über der schmalen Klamm liegen die „Rosstrappe" und der „Hexentanzplatz".

Die frühindustrielle Bedeutung der Harzrandorte zeigt sich noch am deutlichsten in **Ilsenburg**. In der Fürst-Stolberg-Hütte wird bis heute der Eisenkunstguss betrieben und den Besuchergruppen vorgeführt. Der berühmteste Gast war der russische Zar Peter der Große (1697).

Harzrandmulde · Halberstadt · Quedlinburg

Die Harzrandmulde umfasst den wärmsten, sonnigsten und auch niederschlagsärmsten Teil der ostfälischen Landschaft. Auf den Sandsteinrücken bei Quedlinburg treten kontinentale Steppenrasen auf und nicht weit entfernt findet sich das nördlichste Weingut Deutschlands.

Die früh entstandenen Hauptorte sind die Städte Halberstadt und Quedlinburg. Um der historischen Gerechtigkeit willen muss man noch die wenig bekannte Kleinstadt Osterwieck hinzunehmen, wo unter der Bezeichnung „Seligenstadt" eine erste karolingische Missionsstation eingerichtet wurde.

Im 10. Jahrhundert bildete das Harzvorland das Rückgrat der ottonischen Königslandschaft, während die Städte unmittelbar am Harzrand, mit Ausnahme von Goslar, erst 200 Jahre später hervortreten. Die frühe kulturelle Bedeutung wird zum Beispiel im berühmten Domschatz von Halberstadt sichtbar. In der Quedlinburger Pfalzkirche St. Servatius wurde 936 König Heinrich I. begraben, der die Grundlagen für die Entstehung des deutschen Reiches gelegt hat.

Die landschaftlichen Eigenheiten lassen sich als geologische Auswirkungen des nahen Gebirges verstehen. In einer jüngeren Phase sind es eiszeitliche Strombahnen gewesen, die ausgedehnte Kies- und Schotterfelder hinterlassen haben. Zwischen den verschiedenen Höhenstufen sind oftmals steile Terrassenkanten ausgebildet, die sich nordwärts bis nach Schladen und Hornburg hinziehen. Die oberen Flächen besitzen eine fruchtbare Lössauflage, die vor allem die Ackerebene zwischen Derenburg und Halberstadt bestimmt.

Nach Südosten zu tritt eine andere Prägung in Erscheinung: hier sind es die kreidezeitlichen Sandsteine der Randmulde, die durch salztektonische Hebung zutage gefördert wurden. Der sehr unterschiedlichen Verfestigung verdanken wir erstaunliche Phänomene, wie etwa die bizarren Felsgebilde, die im Zuge der Teufelsmauer auftreten. Oder auch die Höhlenwohnungen von Langenstein, die in den weichen Sandstein hineingetrieben wurden.

Die romanische Liebfrauenkirche mit dem ehemaligen Bischofspalast (Petershof) bildet den westlichen Abschluss des langgestreckten Halberstädter Dombezirkes. Die entscheidende Bauphase der Kirche fällt in das späte 11. Jahrhundert. Die Chorschranken im Inneren, Höhepunkt der sächsischen Stucktechnik, entstanden gut 100 Jahre später.

„As slow as possible" (*so langsam wie möglich*) vermerkte der Komponist John Cage an einem Orgelstück – und eröffnete damit eine geradezu philosophische Debatte über die Langsamkeit. Im Hinblick auf das älteste bekannte Orgelinstrument, 1361 im Halberstädter Dom aufgestellt, einigte man sich auf eine Gesamtdauer von 639 Jahren. Ort der Aufführung, die im September 2001 begann, ist die Burchardikirche.

Der Halberstädter Dom bildet das Hauptwerk der sakralen Gotik im ostfälischen Raum. Die himmelaufstrebenden Vorstellungen dieser Bauepoche werden in idealer Weise sichtbar. Nachdem der Turmblock seit etwa 1230 neu errichtet wurde, folgte der große Wurf mit den anschließenden drei Jochen des Langhauses, in denen das neue Konstruktionsprinzip mit seinem äußeren Strebewerk angelegt war. Mit großer Konsequenz folgte man mehr als 200 Jahre diesem ersten Plan.

Der Kreuzgang erschließt die Räumlichkeiten der Klausur. Dort ist der Domschatz untergebracht, der mit seinem Reichtum in Mittel- und Ostdeutschland an erster Stelle steht.

Mächtige Schotterkörper zeugen von der Abtragung des Harzgebirges, dessen Schutt die Flüsse in das Vorland transportierten. Auf den meist etwa einen Kilometer breiten Steinfeldern herrschen eigentümlich karge Vegetationsbedingungen. Hier findet man auch die Hallersche Grasnelke. Hohe und steile Erosionskanten lassen sich im Okertal nördlich bis Schladen verfolgen. Auf einem Hochplateau lag dort einst die **Königspfalz Werla**, die als Vorgängerin von Goslar einen besonderen Rang besitzt. Die archäologischen Untersuchungen sind 2007 wieder aufgenommen worden.

Ströbeck darf sich offiziell „Schachdorf" nennen, und das ist auch berechtigt bei der vorhandenen Begeisterung für das königliche Spiel. Seit mehr als 180 Jahren wird Schach in der Schule unterrichtet. Die historischen Wurzeln reichen angeblich bis ins 11. Jahrhundert zurück. Zu festlichen Anlässen wird eine Lebendschach-Vorführung auf dem Marktplatz geboten. Gleich nebenan findet sich das Schachmuseum.

Die einst sehr mächtigen Grafen von **Regenstein** hinterließen auf dem Felsen, der ihnen den Namen gab, die Ruinen einer mittelalterlichen Burg. 1599 fiel das umliegende Landgebiet an Braunschweig-Wolfenbüttel. Die Entstehung einer barocken Festungsanlage geht auf einen kuriosen Territorialstreit zurück; preußisches Militär besetzte kurzerhand die Felskuppe. Eine eigene preußische Kleingemeinde am Fuß des Berges existierte rechtlich bis 1945. Hingegen hatte man die Festungswerke schon im Verlauf des Siebenjährigen Krieges aufgegeben.

Bereits in den 1920er Jahren bildeten die Höhlenwohnungen von **Langenstein** eine touristische Attraktion; damals konnten noch einige ehemalige Bewohner über die spezifischen Vor- und Nachteile Auskunft geben. Am Schäferberg und am Burgberg sind vor kurzem mehrere Wohnungen, die zwischenzeitlich als Stall oder Schuppen dienten, als Sehenswürdigkeit wieder hergerichtet worden.

Die „**Teufelsmauer**" bei Weddersleben gilt als eines der ältesten deutschen Naturschutzgebiete. Mit der Verordnung von 1852 sollte zunächst die Verwertung der bizarren Klippen-Formation zu Straßenpflaster beendet werden. Andere Bereiche des Sandsteingebietes sind heute wegen ihrer besonderen Trockenvegetation geschützt, die mit dem Federgras eine stark kontinentale Tönung aufweist.

Der Legende nach soll Heinrich I. im Jahr 919 die Nachricht von der geplanten Königserhebung in oder bei Quedlinburg erhalten haben („Herr Heinrich sitzt am Vogelherd ..."). Seine ottonischen Nachfolger fanden sich oft zum Osterfest in dieser Pfalz ein.

Die Bauabfolge auf dem Burgberg reicht mit dem Schloss der Fürstäbtissin bis in die Barockzeit. Teile einer sehr alten Kirche sind bis heute als Krypta bewahrt. Die Stiftskirche entstand nach einem Brand vollständig neu und wurde 1129 im Beisein Kaiser Lothars III. geweiht. Figuren- und Ornamentfriese verraten die Beteiligung lombardischer Steinmetze.

Heinrich I. wurde von den Nationalsozialisten in übertriebener Weise zum deutschen Staatsgründer stilisiert. Obwohl es anders behauptet wurde, hatte man die Gebeine des Königs aber nicht auffinden können. Erst in der Nachkriegszeit konnte die Geschichte der königlichen Grablege weitgehend geklärt werden.

Zwischen den Überresten eines zerstörten Klosters, auf dem Münzenberg, siedelten sich seit dem 16. Jahrhundert Leute an, deren berufliche Tätigkeit oft etwas zwielichtig erschien. Immerhin: die Musikanten galten als ehrlich. Sie erhielten 1979 ein Bronzedenkmal auf dem Markt der Altstadt. Dessen Dominante bildet das Rathaus, vor dem der 1477 gewaltsam gestürzte und 1869 wieder aufgerichtete Roland steht. Er bildete das Symbol für die Stadtfreiheit.

Zum Quedlinburger Stadtensemble gehören weit mehr als 1000 Fachwerkbauten. Dabei ist vermutet worden, dass es sich bei Wordgasse 3 um das älteste deutsche Fachwerkhaus handelt. Auch wenn die Datierung „um 1300" kaum noch genannt wird, vertritt doch die Konstruktion eine frühe Entwicklungsstufe: Auf den Grundschwellen stehen haushohe Wandständer. Die Balken der inneren Geschossdecke sind dabei lediglich eingehängt („eingezapft"). Bei den sicher datierten Bauten seit dem mittleren 15. Jahrhundert ist hingegen die Vorkragung der einzelnen Stockwerke zu beobachten, die sich aus dem Auflager und dem Überstand der Deckenbalken ergibt.

Typisch für die städtische Fachwerktradition in Ostfalen ist die Traufenständigkeit. Die Bauten wenden damit die längere Hausfront der Straße zu. Das Schnitzwerk erreichte seine höchste Entfaltung während der Renaissance.

Leine-Innerste-Bergland · Hildesheim

Nimmt man allein die Gipfelhöhen des Hildesheimer Waldes, der Sieben Berge bei Alfeld oder den Kamm des Hebers, die zwischen 300 und 400 m betragen, so scheint der Unterschied zum nördlichen Harzvorland gering. Dennoch ist dieser Landschaftsraum im westlichen Vorfeld des Harzgebirges ganz anders geprägt, da die einzelnen Höhenrücken weit enger zusammentreten, sodass der Eindruck von waldumgrenzten Siedlungskammern entsteht.

Bereits ur- und frühgeschichtliche Kulturen haben diesen Raum geschätzt. Neben mehreren Solequellen (z.B. Salzdetfurth, Salzderhelden) fand sich überall frisches Wasser aus Quellbächen, die an den Hängen austreten, dazu fruchtbare Löss-Böden in den Tallagen und ein Waldbestand, der zunächst unerschöpflich schien.

In einem eng gekammerten Bergland spielen die Verkehrswege eine besondere Rolle. Dafür boten sich die Flusstäler von Innerste, Nette, Lamme und Leine an, die in nördliche Richtung streben. Kleinere und mittlere Städte, etwa Bockenem und Alfeld, besetzen diese Positionen. Als noch wichtiger erwiesen sich die wenigen Querverbindungen, woraus sich die frühe Bedeutung von Gandersheim und von Seesen erklärt.

Die Stadt Hildesheim nimmt eine Grenzlage zur offenen Börde ein. Die große Zukunft des alten Furtortes am Helweg war bereits vorgezeichnet, als hier um 815 ein Bischofssitz eingerichtet wurde. Neben dieser geistlichen Funktion bildete Hildesheim bis 1803 auch den Mittelpunkt eines eigenständigen Landes.

Am Anfang stehen einige tatkräftige Bischöfe, unter denen der kunstsinnige Bernward besonders hervorragt († 1022). Das von ihm gestiftete Kloster St. Michael erhielt für die Architektur und die zugehörigen Kunstwerke den Status als Weltkulturerbe.

Die Rekonstruktion des historischen Marktplatzes der Altstadt, begonnen 1984, erregte bundesweit Aufmerksamkeit. Das Bild des modernen Hildesheim mit etwas mehr als 100.000 Einwohnern entsteht hingegen durch den flächenhaften Neuaufbau nach der Kriegszerstörung.

Das Bergland bietet in den engeren Talabschnitten von Leine, Innerste, Nette und Lamme abwechslungsreiche Landschaftsbilder. Auf den Höhenrücken sieht man hier und da die Überreste einer mittelalterlichen Burg. Von der Burg **Greene** aus konnte das Leinetal und ein sehr wichtiger Flussübergang kontrolliert werden.

Das **Fagus-Werk in Alfeld** kann mit Recht als ein Meilenstein der modernen Architekturgeschichte bezeichnet werden. Die Ähnlichkeit mit dem berühmten Gebäude des Bauhauses in Dessau, das ab 1926 zur Heimat einer weltweit ausstrahlenden Bewegung wurde, ist frappierend. Das Geheimnis liegt in der konsequenten Trennung von Hausgerüst und Wandfüllung: die nicht-tragenden Wandflächen konnten nun in gleichsam schwerelose Glasfronten verwandelt werden.

Der Schöpfer heißt in beiden Fällen Walter Gropius. Allerdings entstand der Alfelder Industriekomplex wesentlich früher, zwischen 1911 und 1914. Auftraggeber war der auch sozial engagierte Unternehmer Carl Benscheidt, der den damals noch unbekannten Architekten verpflichtet hatte.

Die Pegelmarkierungen an einem Bauernhof im Ort **Föhrste** berichten von den Überflutungen im Leinetal. Das Hochwasser vom Februar 1946 hat in Ostfalen an vielen Stellen enorme Schäden angerichtet. Hingegen sind kleinere Überschwemmungen an der Leine häufiger zu registrieren. Ihre Schadenshöhe kann allenfalls durch ein Bündel an Maßnahmen begrenzt werden.

In **Upstedt** findet sich die älteste Linde Niedersachsens. Von dem wohl mindestens 1000jährigen Baum ist noch der sehr umfangreiche Stamm vorhanden; die ausladenden Äste mussten entfernt werden. Der Baumart maß man eine reinigende Kraft zu, und so wurde auf einem „Tie", einem Gerichtsplatz, oft ein Lindenbaum oder eine Lindengruppe gepflanzt.

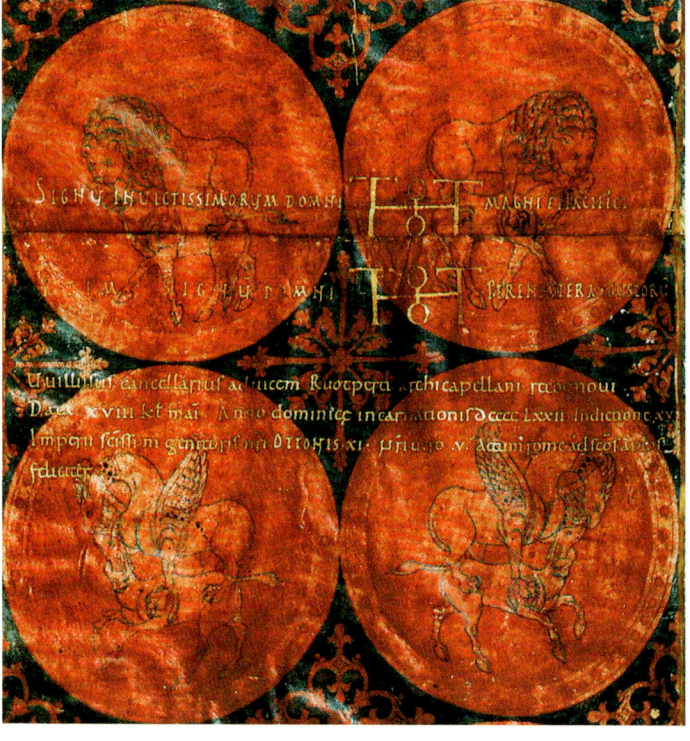

Im engen Durchbruchstal der Lamme, nahe dem geologischen Scheitelpunkt des Hildesheimer Waldes, treten Solequellen zutage. Ihre mittelalterliche Nutzung wird erstmals 1195 erwähnt: „Salina apud Thetvorde". Die heilkräftige Anwendung der Sole, die heute das Leben in dem malerischen Städtchen **Bad Salzdetfurth** bestimmt, besitzt ihre Anfänge im 19. Jahrhundert. Im Kurpark rinnt das salzhaltige Wasser über ein Gradierwerk.

Die Ehe zwischen dem kaiserlichen Thronfolger Otto II. und der byzantinischen Prinzessin Theophanu wurde 972 vor dem Papst geschlossen. Die dazugehörige Urkunde, die als die schönste des deutschen Mittelalters gilt, ist über viele Jahrhunderte im Reichsstift **Gandersheim** aufbewahrt worden (heute: Staatsarchiv Wolfenbüttel). Vor der romanischen Westfassade der Stiftskirche finden im Sommer die Festspiele statt. Sie sind dem Andenken der Kanonisse Roswitha gewidmet, die in Gandersheim bereits im 10. Jahrhundert Theaterstücke schrieb. Der Roswitha-Preis ist die älteste Literaturauszeichnung in Deutschland, die ausschließlich an Frauen verliehen wird.

Jedes Jahr am ersten September-Wochenende werden in **Seesen** Szenen
aus der Ortsgeschichte vorgeführt. Mehr als tausend Mitwirkende sor-
gen für eine Darstellung, die zeitlich vom Mittelalter bis ins 18. Jahrhundert reicht. Das Sehusa-Fest gilt mittlerweile als die bei weitem größte
Festveranstaltung dieser Art in Norddeutschland.

Beinahe ein Viertel aller Häuser in **Einbecks** Innenstadt stammt aus dem
zierfreudigen 16. Jahrhundert, die mit etwas jüngeren Fachwerkbauten
ein geschlossenes Ensemble bilden. Zwei Großbrände hatten 1540 und
1549 die ältere Bebauung von Alt- und Neustadt vernichtet. Seit dem
14. Jahrhundert exportiert man heimisches Bier, das besonders stark ein-
gebraut ist. Die Rezeptur hat sich als „Bock-Bier" später weit über
Deutschland verbreitet. Am Anfang der Ortsentwicklung stand die Gründung des Alexanderstiftes, das als wichtigsten Schatz einige Tropfen vom
Blute Christi besaß. Nach 1286 bildete Einbeck die „Hauptstadt" des
welfischen Fürstentums Braunschweig-Grubenhagen.

...

Im Kreis der ostfälischen Hansestädte spielte Hildesheim eine wichtige Rolle. Die Blütezeit des 16. Jahrhunderts hatte sich in einer großen Zahl von Fachwerkhäusern ausgeprägt, unter denen das mächtig aufragende Knochenhauer-Amtshaus besonders gerühmt wurde. Das alte Stadtbild versank mit dem Luftangriff vom 22. März 1945.

Der Marktplatz der Altstadt erscheint heute jedoch wie unversehrt. Die Rekonstruktion seit 1984, bei der auch Nachkriegsbauten abgerissen wurden, markiert einen Wendepunkt der Denkmalpflege in Deutschland.

Die Kölner Kurfürsten, die seit 1643 über das fast gänzlich wiederhergestellte Hochstift Hildesheim herrschten, bemühten sich im Sinne der Gegenreformation deutliche Zeichen zu setzen. Eine Fülle von künstlerischen Zeugnissen kann dies illustrieren (Bild: Lesepult in der Klosterkirche Ringelheim). Dennoch blieb es bei der konfessionell gespaltenen Situation, am deutlichsten spürbar in der überwiegend evangelischen Hauptstadt Hildesheim.

Wenn Hildesheim seit 1985 auf der Liste des Weltkulturerbes steht, so ist dies in erster Linie dem Kunstschaffen des hiesigen Bischofs Bernward zu verdanken (993-1022). Die Klosterkirche St. Michael, bereits im äußeren Bild eine Art von Gottesburg, erscheint wie die architektonische Summe der ottonischen Epoche. Alles, was vorher war, findet hier eine neu durchdachte Formulierung, wobei in Maß und Zahl ein göttliches Wirken erkannt wurde.

Im Hildesheimer Dom und im Diözesanmuseum sind weitere Zeugnisse aus den neu entstandenen Kunstwerkstätten jener Zeit zu finden. Die beiden monumentalen Bronzegüsse des Dom-Portals sind bereits technisch eine Meisterleistung. Sie liefern in eindrucksvollen Bildern das überwölbende Programm, das auf der einen Seite von der Schuldverstrickung handelt, auf der anderen die Hoffnung auf Erlösung ausdrückt.

Hildesheimer Börde · Salzgitter

ie fruchtbare Börde zwischen Hildesheim und Braunschweig ist nicht so flach, wie allgemein angenommen wird. Einige kräftige Geländewellen treten zum Beispiel entlang des Fuhsetales auf. Was sich darunter verbirgt – Kalisalz, Eisenerz und Erdöl – war aber lange Zeit nicht bekannt.

Die historische Entwicklung ist zunächst durch die obersten zwei Meter bestimmt, die fast überall von einem späteiszeitlich angewehten Feinstsand gebildet werden, dem Löss. Die hier entstandenen Böden gehören zu den besten, die in Deutschland zu finden sind. Bei dem Dorf Machtsum liegen die Musterstücke der westdeutschen Bodenschätzung mit der Richtzahl von 100.

Der Begriff Börde wird von „tragen, ertragreich" hergeleitet, was sich dann im 19. Jahrhundert nochmals bei der neu eingeführten Zuckerrübe erweisen sollte. Aber schon die ältere Geschichte wird durch ein recht gut situiertes Bauerntum bestimmt. Um deren Erträgnisse wurde auch Krieg geführt.

Die Bergbauepoche beginnt mit der Entdeckung der Erzlager bei Lengede etwa um das Jahr 1820. Die „sauren" Eisenerze am Salzgitter-Höhenzug hingegen bereiteten in der industriellen Verarbeitung bis in die 1930er Jahre enorme Probleme. 1937, mit der Gründung der „Reichswerke Hermann Göring für Eisenerz und Stahl", setzte in der südöstlichen Börde ein Umformungsprozess größten Ausmaßes ein.

Das heutige Salzgitter-Gebiet bildet eine Großstadt mit rund 110.000 Einwohnern. Als kulturellen Mittelpunkt kann man den alten herzoglichen Amtssitz Salder mit seinem Schloss nehmen, das jetzt als Museum dient. Salder liegt im Dreieck zwischen dem Verwaltungs- und Geschäftszentrum Lebenstedt, dem Hütten- und Industriestandort Watenstedt und der eigentlich namengebenden Kleinstadt Bad Salzgitter im nahen Bergzug. Allein damit enthüllt sich schon die Vielfalt innerhalb der Stadtlandschaft von Salzgitter, in der die ländliche Vorprägung an manchen Stellen doch in erstaunlicher Deutlichkeit hindurchschimmert.

Eine Insel des katholischen Glaubens im weithin evangelischen Norddeutschland bilden die sogenannten **Stiftsdörfer**. Äußere Kennzeichen sind Feldkreuze und Prozessionsstationen. Die Wurzeln reichen tief in die Geschichte zurück: Nur in einem eng umgrenzten Gebiet konnten die Hildesheimer Bischöfe im 16. Jahrhundert ihre Religionshoheit wahren. Nach dem 30jährigen Krieg erfasste die Gegenreformation dann auch andere Teile des Hildesheimer Landes.

Ottbergen, wo seit dem frühen 18. Jahrhundert ein Splitter vom Kreuze Christi verwahrt wird, ist bis heute ein gut besuchter Wallfahrtsort.

Die Frage, ob nun die besten Ackerflächen Deutschlands in **Machtsum** liegen oder in einer der Nachbargemeinden, können wir getrost den Fachleuten überlassen. Sicher ist, dass die Schwarzerde-Böden, die sich auf Löss entwickelten, eine besonders hohe Fruchtbarkeit besitzen. Dies erklärt auch das Landschaftsbild, in dem buchstäblich kein Quadratmeter verschenkt wird.

Der Fuhrpark der Kinder steht vor der Einfahrt zu einem Dreiseit-Hof, sie selbst sind mit einiger Hoffnung für die Zukunft versehen. Der Traktor wird später etwas größer sein, „Direkt-Marketing" wird gerade ausprobiert.

Das **Bauernhaus der Börde** unterscheidet sich schon in seinen ältesten Beispielen fundamental vom Niederdeutschen Hallenhaus. Es besitzt stets zwei Geschosse bzw. Stockwerke und wird von seiner Längsseite her erschlossen.

Ein Haus in Denstorf vertritt den frühen „Erkeröder Typ" mit Wandversprung beim Wohnteil. Aus dem 18. Jahrhundert stammt eine Vielzahl von Bauten mit einem sehr gediegenen, einheitlichen Gerüstaufbau; oft treten Nebengebäude hinzu. Die großen Bauernhäuser aus dem späten 19. Jahrhundert, scherzhaft „Rübenburgen" genannt, entsprechen bereits der städtischen Villenarchitektur.

Im **Schloss Salder** und seinen Nebengebäuden ist das Städtische Museum Salzgitter untergebracht. Die Geologie ist durch die Bergbautradition besonders gut vertreten. Anschaulich präsentiert sind die Funde von einem Jagdlager der Neandertaler (50.000 Jahre vor heute). Das Renaissance-Gebäude diente um 1700 als Sommerresidenz für Prinz August Wilhelm, nachmaliger Herzog von Braunschweig-Wolfenbüttel. Einige bauliche Zutaten gehen auf diese Zeit zurück ebenso wie die benachbarte Schlosskirche.

Das herzogliche Amt Salder umfasste früher einen rein agrarisch geprägten Raum. Auf den Löss-Böden wurden höchste Erträge erwirtschaftet. Unter diesem Gesichtspunkt war es auch für die Nationalsozialisten nicht leicht, den Bauernverband zu beruhigen. Die Proteste konnten aber nichts an der 1937 beschlossenen Industrialisierung durch die „Reichswerke" ändern. Damit beginnt die zweite, die neue Geschichte des Salzgitter-Gebietes.

Der Erzbergbau von **Lengede** wäre einer breiteren Öffentlichkeit wohl kaum mehr bekannt, wenn es nicht jenes Unglück im Herbst 1963 gegeben hätte. Durch glückliche Fügung konnten elf Bergleute, die 14 Tage in der dunklen Tiefe ausgeharrt hatten, doch noch gerettet werden. Die Stelle der Rettungsbohrung ist in der Gedenkstätte markiert, die steinernen Tafeln nennen die Namen der Toten.

Die ursprüngliche Basis der Industrialisierung im Salzgitter-Gebiet bildete das heimische Eisenerz, das seit den 1960er Jahren durch billigeres Import-Erz abgelöst wurde. Im jüngsten, modernsten und tiefsten Bergwerk, der Schachtanlage „**Konrad**", endete die Erzförderung 1976. Im Hinblick auf den deutschen Atommüll wird das Bergwerk jedoch betriebsbereit gehalten. Der Förderturm über Schacht Konrad 1 ist zum Sinnbild der Debatte um die Endlagerung geworden..

Eisenhütte und Stahlwerk **Salzgitter** entstanden ab 1937 in einer ländlichen Umgebung. Die eigentliche Geburtsstunde der heutigen Großstadt fällt in das Jahr 1950: massive Arbeiterproteste verhinderten die vollständige Demontage der Produktionsanlagen, wie sie von den Aliierten vorgesehen war.

In der Nachbarschaft der Hochöfen siedelten sich später drei Großbetriebe der Fahrzeugherstellung an. Diese Industriezone umfasst heute ungefähr 15 Quadratkilometer.

Der **Salzgitter-See** im Fuhsetal, durch umfangreiche Betonkiesgewin-
nung seit 1960 entstanden, ist zu einem Freizeitparadies geworden.
Nahe dem kleinen Dorf Lebenstedt, heute Alt-Lebenstedt, wurde 1939
mit den ersten zeilenförmigen Wohnblöcken einer neu geplanten Großstadt begonnen. Die Nachkriegszeit wechselte die städtebaulichen Leit-
bilder aus und reduzierte die Zielgröße auf etwa 35.000 Einwohner
(Salzgitter insgesamt: 110.000).

Der 14 Meter hohe „Turm der Arbeit" im Zentrum von **Lebenstedt** ist schnell als ein Wahr-
zeichen für das moderne Salzgitter anerkannt
worden (J. Weber, 1995). Die Szenenabfolge
verschweigt nicht, dass auch Häftlingsarbeit,
Tod und Not am Anfang standen. Als bekrönende Figur dient der Mann am Hochofen, der
eine Probe vom flüssigen Eisen abschöpft.

Braunschweig · Wolfenbüttel

Als im frühen 9. Jahrhundert die Diözesansprengel von Hildesheim und Halberstadt abgesteckt wurden, nahm man die mittlere Oker, die von niedrigen Randhöhen begleitet wird, als Grenzlinie. Der Aufstieg des Rast- und Furtortes Brunswiek beginnt im 11. Jahrhundert und erstreckte sich bald auf beide Seiten des Flussufers. Die inmitten eines Sumpfgebietes gelegene Burg Wolfenbüttel – gut 10 Kilometer weiter südlich – verdankt ihre Rolle als fürstliche Residenz erst einer Zeit, in der die Welfen aus der mächtigen Hansestadt Braunschweig verdrängt worden waren.

Zwischen 1753 und 1946 besaß Braunschweig die Funktion einer Landeshauptstadt. Hier bündelten sich die Kräfte eines mittelgroßen deutschen Territorialstaates. Diese Zeitspanne, die Spätbarock, Klassizismus und die Industrialisierung umfasst, leitet über zur heutigen Großstadt mit rund 240.000 Einwohnern, in der Forschung und Wissenschaft stark vertreten sind. Daneben steht ein reiches Kulturangebot.

Der ältere, fast kreisförmige Stadtkern wird von zwei breiten Wehrgräben eingefasst, der sogenannten Okerumflut (Foto rechts). Die größte deutsche Fachwerkstadt verbrannte im Luftangriff vom 15. Oktober 1944. Von deren historischer Bedeutung künden jedoch elf mittelalterliche Kirchen, ferner wurde auf die Bewahrung von Traditionsinseln, etwa um den Burgplatz, den Altstadtmarkt oder bei St. Magni besondere Sorgfalt gelegt.

Wolfenbüttel verkörpert hingegen nur zwei Jahrhunderte städtebaulicher Entwicklung – jedoch in besonders eindrucksvoller Weise. Beamten- und Bürgerhäuser, Kirchen und Regierungsgebäude, ebenso weite Teile des Schlossbezirkes zeugen von der herzoglichen Neubauplanung seit 1570. Nach der Niederwerfung der „freien" Stadt Braunschweig 1671 und der Rückverlegung der Hofhaltung dorthin verfiel Wolfenbüttel in einen langen Dornröschenschlaf, der ein ganzes Stadtbild konservierte. Die berühmte Herzog-August-Bibliothek und das Lessinghaus bilden heute kulturelle Anziehungspunkte.

Es scheint, als wäre das Braunschweiger Residenzschloss, im Zweiten Weltkrieg schwer beschädigt und 1960 abgetragen, nun wiedererstanden. Der „Preis", der dafür zu zahlen war: die kommerzielle Verbindung mit einem Einkaufszentrum (2007).

Der „Graue Hof", das ältere Stadtschloss, wurde im Volksaufstand von 1830 erstürmt und ging in Flammen auf. Nach einem Entwurf von C.T. Ottmer entstand bis 1841 ein großer klassizistischer Neubau, der – anstelle der vorherigen Raumeinfassung – vor allem auf die Fassadenwirkung setzte. Die rekonstruierten Vorderfronten bestimmen heute wieder das Stadtbild am südlichen Bohlweg.

Ob man den Braunschweiger Burgplatz als Beleg für das 12. oder für das 19. Jahrhundert nimmt, bleibt abzuwägen. Burg Dankwarderode jedenfalls ist eine phantasievolle Rekonstruktion der jüngeren Zeit, zugleich verschwanden Okerlauf und Burggraben unter der Erde.

Den Ursprüngen nahe ist man beim Bronzelöwen (um 1166). Wie kein zweites Zeugnis steht dieser für die Machtfülle Heinrichs des Löwen, der als Herzog über Sachsen und Bayern herrschte. Der Neubau der romanischen Stiftskirche St. Blasius („Dom") entfaltete eine Vorbildwirkung, die bis nach Lübeck reichte.

Die bedeutendsten Werke in St. Blasius gehören in die Frühzeit der ab 1173 neu errichteten Kirche. Marienaltar, siebenarmiger Leuchter und die Wandmalereien stehen für die erste Ausstattung. Beim Grabmal für Herzog Heinrich und Mathilde ist bereits der belebte Geist der französischen Gotik zu spüren (um 1240), während das Imervard-Kreuz noch die stark zeichenhafte Sprache der Romanik vertritt.

Der Kriegsbrand, der am 15. Oktober 1944 die Holzbauten der nördlichen Innenstadt verzehrte, kam am Platz „Sack" zum Stehen. Hier, wie auch an anderen Stellen im Braunschweiger Stadtkern, zeigt sich eine geradezu typische Durchdringung von Alt und Neu. Der Ringerbrunnen stammt von 1975 (J. Weber).

Bereits 1754 wurde in Braunschweig ein Kunst- und Naturalienkabinett eröffnet. Der reiche Gemäldebestand des Herzog-Anton-Ulrich-Museums geht auf die fürstliche Sammlung zurück, die einst im Lustschloss Salzdahlum untergebracht war. Zu den größten Schätzen gehören Bilder von Rembrandt, Rubens und Vermeer van Delft („Das Mädchen mit dem Weinglas").

Die Ostfassade des Gewandhauses, dem weit älteren Gebäudekern 1590 vorgeblendet, bildet ein Hauptwerk der deutschen Renaissance-Baukunst (H. Lampe, B. Kircher). Die bekrönende Justitia erscheint als Siegesengel, der die Freiheit der Stadt bekräftigt.

Das hansische Braunschweig bestand aus fünf Teilstädten („Weichbilde"), die jeweils ein eigenes Rathaus besaßen. In der Neustadt blieb das ältere Ratsgebäude zumindest in Teilen erhalten. Am Altstadtmarkt hingegen findet man ein vollständiges Ensemble aus dieser Zeit: die in Teilen noch romanische Marktkirche St. Martini, das für seine Laubengänge gerühmte gotische Rathaus und das langgestreckte Gewandhaus; im Mittelpunkt der Marktbrunnen (1408, Neuguss 1988).

Die Wiederherstellung der kriegsbeschädigten Bauten gehörte in das Konzept der „Traditionsinseln". Eine andere Epoche vertreten zwei Gebäude am Martinikirchhof: die Fürstliche Kammer (1764) und der Landtag (1798).

Die Technische Universität bildet zusammen mit drei großen Bundesanstalten und einem vergleichbaren Zentrum für Luft- und Raumfahrt den Kern der Forschungsregion Braunschweig. Hinzu kommt eine große Zahl von weiteren Einrichtungen. Braunschweig hat für das Jahr 2007 die Auszeichnung „Stadt der Wissenschaft" erhalten.

Agnes Pockels, eine Hausfrau, die mit Wasser und Spüli wissenschaftliche Untersuchungen anstellte und dabei wesentliche Grenzflächen-Phänomene erkannte, erhielt 1931 die Ehrendoktorwürde der TU Braunschweig. Das nach ihr benannte Labor vermittelt jetzt naturwissenschaftliche Frühförderung.

Das Grab von Gotthold Ephraim Lessing befindet sich auf dem Braunschweiger Magnifriedhof, der im Frühjahr von der Scilla-Blüte blau überzogen wird. Lessing hatte 1770 eine Anstellung als Bibliothekar in Wolfenbüttel erhalten. Die Zeit dort nutzte er zu intensiver Arbeit, im nahen Braunschweig suchte er die Geselligkeit. Er starb 1781 in seiner Braunschweiger Wohnung. Das Wohnhaus in Wolfenbüttel, nahe der Herzog-August-Bibliothek, ist als Gedenkstätte eingerichtet.

Das Schlösschen Richmond an der Straße nach Wolfenbüttel entstand 1768-69 für das Thronfolgerpaar. Die Gartenanlagen oberhalb der Oker zeigen die Abkehr von der barocken Symmetrie und führen eine „malerische" Natur vor. Die englische Prinzessin Augusta nutzte das Bauwerk später für kleine Gesellschaften, während sich ihr fürstlicher Gemahl anderwärts vergnügte.

Das Riddagshäuser Teichgebiet ist ein vielbesuchtes Ziel der Naherholung und bildet zugleich ein Refugium für die Vogelwelt. 1145 begannen Zisterzienser-Mönche die sumpfige Niederung umzuwandeln; die Teiche dienten der Fischzucht. Die imposante frühgotische Kirche und das Torhaus der Klosteranlage laden zur Besichtigung ein.

Aus einer älteren Wasserburg erwuchs in mehreren Bauphasen das Wolfenbütteler Schloss, das bis 1753 den hiesigen Welfen als Residenz diente. Im Äußeren ist es durch die Renaissance und mehr noch durch die Barockzeit geprägt. Ein Museum beleuchtet die höfische Epoche, das Gymnasium erfüllt das Gebäude mit Leben.

Der Schlossbezirk umfasst ein sehr viel größeres Areal, das seit Beginn der Neuzeit durch gewaltige Festungswälle gesichert wurde. Gegenüber dem Zeughaus und dem Proviantboden entstand auch für die berühmte Bibliothek ein selbständiges Bauwerk.

Während sich in der Ferne der Stahlbezirk von Salzgitter abzeichnet, erscheint die Wallbefestigung der ab 1570 neu angelegten Stadt Wolfenbüttel heute als ein Ring aus Parkanlagen. Der Turm der Hauptkirche bildet die weit sichtbare Dominante.

Für die Wolfenbütteler Hauptkirche Beatae Mariae Virginis, dem ersten evangelischen Kirchenbau im Fürstentum, wurde ein besonderer Aufwand betrieben (ab 1608, P. Francke). Das üppige Zierwerk der Renaissance überspielt eine eher konservative Raumbildung.

Für die ostfälische Kunstlandschaft zur Barockzeit kann St. Trinitatis als
ein Hauptwerk gelten (J.B. Lauterbach, H. Korb, Weihedaten 1700 und
1719). Der bewusste Abstand zum katholischen Kirchenbau wird im
Innenraum mit seiner Doppel-Empore deutlich. Beide Baumeister hatten
zuvor den Schlossbau von Salzdahlum errichtet, was sich in der festlichen Wirkung der Kirchenfassade zum Holzmarkt spiegelt. Die seitlichen
Turmbauten mit Durchfahrt erinnern an das alte Kaisertor.

Bereits zu Lebzeiten von Herzog August
(† 1666), der in ganz Europa seltene Bücher
durch seine Agenten ankaufen ließ, galt die
Wolfenbütteler Bibliothek als eine neues Welt-
wunder. Als Verwalter der Bücherschätze sah
man später Gottfried Wilhelm Leibniz und
Gotthold Ephraim Lessing.

Das von Lessing zuletzt genutzte Wohnhaus,
ein kleines barockes Palais, gehört zum musea-
len Bibliotheksquartier. Es zählt zweifellos zu
den bedeutendsten literarischen Schaffensor-
ten in Deutschland.

Wolfenbüttel ist ein Kind seiner Fürsten. Nach dem Neubauplan von Herzog Julius sollten lange gerade und geräumige Straßen entstehen; die ältere Bebauung wurde niedergelegt (ab 1570). Als Rathaus, das zunächst gar nicht vorgesehen war, musste eines der in Fachwerk gebauten Bürgerhäuser dienen. Die herzogliche Kanzlei wurde hingegen in Stein erbaut (heute: Archäologie-Museum). Herzog August der Jüngere, der die schweren Schäden des 30jährigen Krieges beseitigen ließ, erhielt auf dem Stadtmarkt ein höchst ungewöhnliches Reiterdenkmal (1904).

Für die Entwässerung der sumpfigen Niederung holte sich Herzog Julius niederländische Fachleute herbei. Ein erhaltener Teil des Kanalsystems wird heute, freundlich übertreibend, „Klein Venedig" genannt.

Löss-Hügelland

Der Landschaftsraum südöstlich von Braunschweig bildet zweifellos den anmutigsten Teil des Lössgürtels: waldbestandene Höhenrücken dienen hier als rahmende Kulisse, zwischen denen sich weitgespannte Mulden mit fruchtbaren Ackerböden ausbreiten.

Der bekannteste der Höhenzüge ist sicher der Elm mit seinem berühmten Kalk-Buchenwald. Auf einer zweiten Linie finden wir Asse und Heeseberg, die zum Teil auch den charakteristischen Magerrasen zeigen. Jenseits des langgestreckten Großen Bruches folgt der flachwellige Anstieg zum Huy (sprich: Hü). Dieser bildet mit dem Großen Fallstein den südlich einrahmenden Abschluss.

Der Reichtum der natürlichen Ausstattung, zu der auch die Quellhorizonte am Rande der Höhenrücken gehören, korrespondiert mit einer Fülle von kultur- und kunsthistorischen Zeugnissen. Die Agrargeschichte beginnt vor 7.500 Jahren mit den Ankunft der ersten mitteleuropäischen Ackerbauern und leitet über zu einer reichen Abfolge von prähistorischen Kulturen.

Das Mittelalter hinterließ zahlreiche Klöster mit romanischem Baubestand. Unter ihnen ragt die Grablege Kaiser Lothars in Königslutter hervor. Wehrhafte Burgen und schmucke Herrenhäuser, gut ausgestattete Dörfer und fachwerkgeprägte Kleinstädte bilden das weitere Inventar.

Die pure Idylle ist jedoch nicht zu erwarten. Die jüngsten Wunden der Geschichte, die Grenzziehung von 1945 und ihre Wandlung zum „eisernen Vorhang", der bis 1989 Deutschland und Europa teilte, sind noch nicht vollständig verheilt. Zu den Spuren einer ersten Welle der Industrialisierung gehören verfallene Bergwerke auf Kali- und Steinsalz, die einst den wesentlichen Teil der Weltproduktion lieferten. Dem Braunkohlenabbau südlich der einstigen Universitätsstadt Helmstedt verdanken wir dann eine Weltsensation der Urgeschichtsforschung: die ältesten Jagdwaffen der Menschheit konnten in 10 m Tiefe am Rande der Kohlengrube bei Schöningen geborgen werden. Sie sind rund 400.000 Jahre alt.

Eine eigene Epoche bildet für **Helmstedt** die Zeit als Universitätsstadt (1576 bis 1810). Von den Studentenzahlen her stand man zeitweilig an dritter Stelle in Deutschland. Nördlich des alten Kollegienhofes entstand ab 1592 das „Novum Juleum". Geistiger Schöpfer dieses idealtypischen Renaissance-Gebäudes ist der Baumeister der Wolfenbütteler Herzöge, Paul Francke.

Das Radrennen „**Rund um den Elm**" besitzt mittlerweile eine hundertjährige Tradition. Die härteste Prüfung bildet der lange Aufstieg am Amplebener Berg. Für die Zuschauer geht der Blick weit nach Süden, Richtung Asse und Fallstein.

Die seit 1949 bestehende **innerdeutsche Staatengrenze** war von der DDR zu einer militärischen Anlage ausgebaut worden, die sich faktisch gegen die eigene Bevölkerung richtete. Die Todesopfer bis zum Herbst 1989 sind nach Hunderten zu zählen. Die fast 1400 Kilometer lange und mehrfach gestaffelte Grenzbefestigung lässt sich heute nur noch in wenigen Abschnitten genauer erkennen, am deutlichsten noch bei Hötensleben. Das Grenzdenkmal dort und die nicht weit entfernte Gedenkstätte Marienborn verhindern, dass der Schrecken allzu schnell verdrängt wird.

An der Dorfstraße von **Mönchevahlberg** finden sich einige interessante Beispiele für die ostfälische Gehöftanlage. Zur ländlichen Tradition gehören auch die steinernen Torpfosten. Die Hofstelle mit der Nr. 2 übertrifft sie alle: die formvollendeten Barock-Pfeiler stammen vom Lustschloss Salzdahlum, das 1811-13 abgebrochen wurde.

Dass Till Eulenspiegel aus dem Braunschweiger Land stammt, sagt schon der Titel des Volksbuches von 1510. Folgerichtig findet sich in seinem Geburtsort **Kneitlingen** ein Denkmal. Im nahen **Schöppenstedt** ist ein Museum für ihn eingerichtet. Das ist berechtigt, denn neben seinem literarischen Erfinder sind auch die vielen Nachfolger zu würdigen. Und gerade in Schöppenstedt kennt man einige davon.

Keine andere Landschaft in Deutschland ist so reich an romanischen Kirchenbauten, wie das nördliche Harzvorland. Doch wo lohnt sich eine genauere Betrachtung – Diese Frage stellt sich für die Abteikirche Stt. Peter und Paul oberhalb des Städtchens **Königslutter** ganz sicher nicht. Besser bekannt ist das Bauwerk als Kaiserdom. Der mehrfach gestaffelte Ostbau mit seinem Großquader-Mauerwerk atmet imperiale Würde. Hier findet sich auch der vielbestaunte Jagdfries, der mit dem Sieg der Hasen endet. Seit der Graböffnung von 1978 wissen wir, dass Kaiser Lothar 1137 inmitten einer Baustelle beerdigt wurde. Über den Baubeginn unterrichtet die Stiftungsurkunde, weitere Nachrichten fehlen.

Der kunsthistorischen Forschung ist es durch intensive Vergleiche gelungen, den leitenden Baumeister zu ermitteln: Nikolaus von Verona. Der Mann war ein Schelm und ein Genie zugleich. Die Kunstfertigkeit seiner Bauleute erreichte in den Säulen des Kreuzganges einen zweiten Höhepunkt und zieht sich danach wie ein Wellenschlag durch die ostfälische Kunstlandschaft.

Eine Generation zuvor entstand die Stiftskirche in **Hamersleben** (links), einem kleinen Dorf an der Straße von Halberstadt nach Helmstedt. Bereits hier wurde der künstlerische Maßstab hoch angesetzt. Während der Grundriss der Hirsauer Reform folgt, will die reiche Ornamentik kaum zur Forderung nach Schlichtheit passen. Die gewaltigen Säulenschäfte sind jeweils aus einem einzigen Stein gehauen.

Unter der alten Linde in **Evessen** wurde bis 1808 Gericht gehalten. Das Besondere: sie steht auf einer kreisrunden sechs Meter hohen Aufschüttung. Was darinnen steckt, weiß niemand. Der Sage nach ist es ein König in einem goldenen Sarg.

In Evessen nennt man den Hügel „das Hoch", wissenschaftlich sagt man Grab-Tumulus. Für die Entstehung kommt zum Beispiel die ältere Bronzezeit oder die altsächsische Zeit infrage. Eine Untersuchung bei Klein Vahlberg zeigte gleich beide Phasen. Die Tumuli befinden sich stets auf Anhöhen oder Kuppen. Gute Aussicht garantiert.

Die Ortschaft Hessen bildete den Vorposten der Wolfenbütteler Herzöge auf der Südseite des Großen Bruches. Ihre Macht endete vor der **Westerburg** bei Dedeleben. Diese befand sich bis 1599 im Besitz der Regensteiner Grafen; die Lehnshoheit lag beim Bistum Halberstadt. An die ältere Rundburg mit hohem Bergfried wurde um 1300 ein rechteckiges Kastell angefügt. Diese beiden Phasen im mittelalterlichen Wehrbau sind auch an anderen Stellen in Ostfalen zu beobachten.

Das **Große Bruch** erscheint wie ein Fluss-Tal ohne Fluss. Diese merkwürdige Erscheinung ist bis heute nicht hinreichend geklärt. In West-Ost-Richtung zieht es sich von Hornburg bis Oschersleben über rund 40 km hin. Südlich schließt sich das Schlanstedter Hügelland an.

Schlanstedt selbst kann als Wiege der deutschen Pflanzenzucht gelten. Der erste Rimpau hatte 1836 die Domäne gepachtet und die Zuckerrübe eingeführt. Sein Sohn Wilhelm Rimpau (sen.) trieb in konsequenter Weise die Auslese- und Züchtungskreuzung voran. Dabei entstand auch eine neue Getreideart, die Triticale. Um 1880 folgten ihm die Landwirte Strube und Behrens.
Die Firma Friedrich Strube, die bis heute eine breit angelegte Saatgutproduktion betreibt, konnte 1992 ihren alten Firmensitz in Schlanstedt wieder übernehmen.

Das Salz, ursprünglich von rund 2000 Metern Gestein überdeckt, ist die eigentlich reliefprägende Kraft im Hügelland. Einige Salzstöcke sind so weit emporgedrungen, dass sie das bodennahe Grundwasser erreichen. **Salzwiesen**, wie bei Jerxheim, besitzen eine ganz eigentümliche Vegetation. Zu den auffälligsten Pflanzen gehört der vom Nordseewatt bekannte Queller. An den salzigsten Stellen ist ein Pflanzenleben nicht mehr möglich.

Über schnelle Nachrichten haben Menschen schon nachgedacht, lange bevor der erste Telefondraht gezogen wurde. Die Franzosen hatten das Vorbild entwickelt, Preußen zog nach: Eine optische Telegrafenlinie führte von Berlin nach Koblenz (1833-49). Als technisches Denkmal rekonstruiert ist die Station Nr. 18 bei **Neuwegersleben**. Durch die Zeigerarme konnten 4096 Zeichen eingestellt werden.

Die Talpforte am Großen Bruch wurde dann auch für die Eisenbahn genutzt: Die erste durchgehende Strecke von Berlin nach Köln führte über Oschersleben und Jerxheim (1847-1871).

Durch den prächtig entwickelten Buchenwald fällt der Blick ins **Reitlingstal**, das den einzigen tiefen Einschnitt im Muschelkalkgewölbe des Elm darstellt.

Was in den Hügeln des Hügellandes steckt, offenbart sich in den aufgelassenen Steinbrüchen. Alle geologischen Abteilungen des Erdmittelalters sind im nördlichen Harzvorland vertreten (250 - 65 Mio. Jahre vor heute). Im Besucher-Steinbruch dürfen auch die Jüngsten klopfen, um einige Fossilien mit nach Hause zu nehmen. In der Geopark-Station Königslutter wird der wissenschaftliche Hintergrund anschaulich dargestellt.

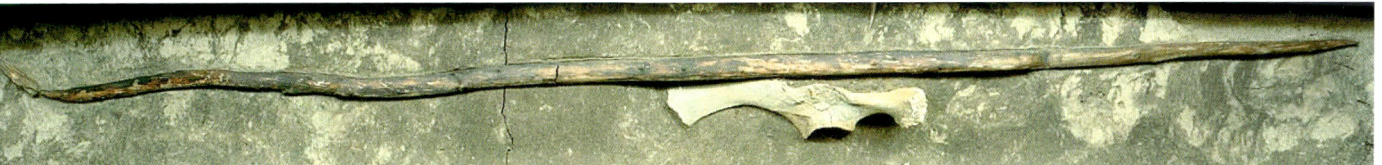

Die nicht sehr breite, aber rund 70 km lange Braunkohlenzone erstreckt sich von Helmstedt in Richtung Südost. Die älteren Schachtbergwerke sind schon lange aufgegeben. Eine ganz andere Dimension erreicht der bis 130 Meter tiefe Tagebau im Raum Helmstedt-Schöningen, dessen Ende bereits in Sicht ist.

Die Abbauwände erweisen sich als eine erdgeschichtliche Dokumentation der letzten 40 Millionen Jahre. Die oberen 30 Meter enthalten das Eiszeitalter, dessen Geschichte sich nun – nach den seit 1992 betriebenen Forschungen – etwas anders darstellt.

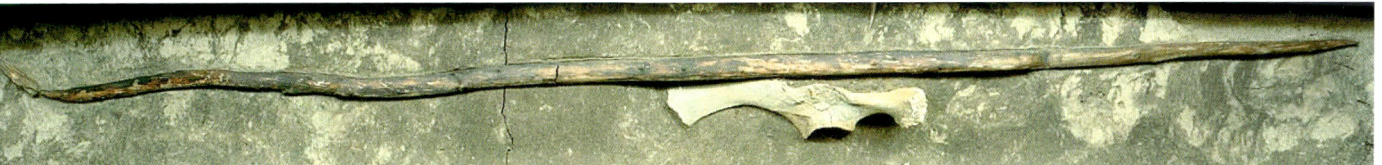

Die Belege für die Anwesenheit von Menschen reichen rund eine halbe Million Jahre zurück. Neben dem Nachweis für die Nutzung des Feuers sind vor allem die etwas jüngeren Holzgeräte wichtig, die sich im Feuchtmillieu hervorragend erhalten haben. Als Weltsensation der Archäologie können die geborgenen Wurfspeere gelten – die ältesten bekannten Jagdwaffen der Menschheit.

Vom Hohen Holz in die Magdeburger Börde

Der Geländerücken des Lappwaldes setzt sich von Helmstedt aus nach Südosten in fast gleichbleibenden Höhenwerten fort. Den Abschluss bildet das Hohe Holz und sein kleiner Ableger, das Saure Holz. Hat man diese Höhen hinter sich gelassen, liegt die Magdeburger Börde vor Augen, eine meist flachwellige Ackerlandschaft, die außer einigen kleinen Gehölzen keinen Wald mehr besitzt.

Nach Osten bildet die riesige Zuckerfabrik von Klein Wanzleben eine sichtbare Orientierung. In nördliche Richtung treffen wir zunächst auf Seehausen, etwas weiter liegt Eilsleben über dem Allertal und am Rande dieser Landschaft dann der Herrschaftssitz Erxleben.

Die südlichen Abhänge unter dem Hohen Holz ziehen zu einer eiszeitlichen Talung hinunter. Die von Süden, vom Harz her kommende Bode schwenkt hier abrupt nach Osten ein. An dieser Stelle entwickelte sich die Stadt Oschersleben.

Das Siedlungsbild in diesem Teil der Lösszone wird durch ein nach Osten zunehmend dichteres Netz von großen Dörfern geprägt, in denen die weiträumigen Grundstücke ein auffälliges Merkmal bilden. Als Zeugnisse einer älteren Tradition erscheinen vor allem die steinernen Hoftore, während der bäuerliche Hausbau eine durchgreifende Erneuerungswelle nach städtischen Vorbildern erlebte. Diese Entwicklung setzt mit dem bald wirtschaftlich sehr erfolgreichen Anbau der Zuckerrübe um 1840 ein.

Eine erst Annäherung an Kultur und Geschichte vermittelt das Bördemuseum, das in der Burg Ummendorf untergebracht ist. Dort spannt sich der Bogen vom Frühmittelalter über die Barockzeit bis zur Industrialisierung.

Die hohe Börde fällt mit einer Geländestufe von rund 50 Metern in das tertiärzeitliche Elbtal ab. Von hier aus wirken die Magdeburger Domtürme in zehn Kilometer Entfernung wie ein Grußzeichen. Die nach Osten offene Diözesangrenze des Jahres 968 teilte etwa an dieser Linie das ostfälische Binnenland – und eröffnete der Stadt am Elbstrom eine andere, neue Perspektive.

Das Schloss **Peseckendorf** gehört heute der Jugend. Es dient als Bildungsstätte. Neben Tagungen und Seminaren steht das offene Programm: zum Beispiel Konzerte im Landschaftspark. Auch wenn baulich hier manches an die Barockzeit erinnert, sogar an das Potsdamer Sanssouci, so handelt es sich doch um eine sehr viel spätere Nachschöpfung (1906-09).

Sogenannte Feldwarten gehörten zu einem vorgeschobenen Sicherheitsring, den sich im Spätmittelalter größere und kleinere Städte zulegten. Beim Herannahen von Feinden wurden Signale gegeben. In der weithin offenen Bördelandschaft fallen diese steinernen Türme besonders ins Auge.

Während die alte Zuckerfabrik von **Klein Wanzleben** zur Ruine zerfällt, dominiert das neue Werk weithin das Landschaftsbild. Der Ort lebt vom süßen Geschmack, wenigstens jetzt noch. Eine Anlage zur Herstellung von Biokraftstoff wird gerade neu errichtet (2007).

Oberhalb von Seehausen, nicht weit entfernt vom Hohen Holz, trifft man auf einen „Menhir". Auch bei anderen Einzelsteinen im östlichen und südlichen Ostfalen besteht kein Zweifel an ihrer bewussten Aufrichtung, aber die kulturelle Zugehörigkeit ist nur schwer zu erweisen. Dieser Stein trägt jedoch eine Ritzzeichnung, die einen Vergleich mit mitteldeutschen Grabbauten aus der Zeit etwa um 3000 vor Christus. zulässt. Die Menhire könnten – ähnlich den heutigen Grenzpfählen – als Hoheitszeichen zu verstehen sein.

Auf den fruchtbaren Löss-Böden gedeiht sozusagen alles. Der feldmäßige Anbau von Tulpen und Gladiolen wurde von dem Gärtner Hans Deicke und seiner Genossenschaft eingeführt. Schließlich wurde ein weiter Teil der DDR mit Schnittblumen beliefert, und sogar niederländische Firmen kamen, um die Knollen der Gladiole einzukaufen.

Die DDR setzte auf eine industriell organisierte Landwirtschaft. Äußeres Kennzeichen sind die riesigen Ackerschläge, denen die ökologische Vielfalt geopfert wurde. Allerdings beginnt diese Entwicklung bereits in preußischer Zeit mit der Förderung des Großgrundbesitzes. Nach der Wende von 1989/90 ergab sich für Genossenschaften und Einzelunternehmer eine bessere Ausgangslage als im Westen Deutschlands. Dort hatte man im Zuge der „Flurbereinigung" zwar ebenfalls ordentlich aufgeräumt, war aber noch keineswegs bei den Feldgrößen der DDR angekommen.

Die Kleinstadt **Oschersleben** erlebte durch Eisenbahn und Braunkohle in der Mitte des 19. Jahrhunderts eine kräftige Industrialisierung. Zum Schicksal der Stadt wurden die Flugzeugwerke, Angriffsziel der aliierten Bomber. Als Herrscher über die Trümmer wechselten sich 1945 Amerikaner, Engländer und Russen ab. Das Ehrenmal mit dem Stern – eine Art von Grenzpfosten am Rande des sowjetischen Machtbereiches.

Zur jüngsten Entwicklung in Oschersleben gehört der Bau einer Motor-Rennstrecke, nach dem nahen Fluss als „Bode-Ring" benannt.

Große Hoftore bestimmen vielfach das Bild der Dörfer westlich von Magdeburg. Das Tor-Motiv selbst lässt sich an Einzelbeispielen bis in das 17. Jahrhundert zurückverfolgen, wenn auch die Mehrzahl der steinernen Bogensetzungen deutlich jünger ist.

In der Burg **Ummendorf** ist das Bördemuseum untergebracht. Als bauhistorische Rarität kann der spätromanische Wohnturm gelten, der heute durch das jüngere Hauptgebäude zu erreichen ist.

Neben unterschiedlichen Facetten der kulturellen Entwicklung widmet sich eine kleine Abteilung dem Salzbergbau im Allertal. Im Außengelände des Museums findet sich ein Kräutergarten. Der Maschinenpark zeigt die Anfänge der landwirtschaftlichen Technisierung.

Die größte Blüte von **Seehausen** liegt wahrscheinlich im 10. Jahrhundert, was aus den Reisewegen der Könige zu folgern ist. Während sich die gotischen Bögen der Pfarrkirche St. Laurentius ohne Dach in den Himmel recken, blieb am Rande des Städtchens ein hervorragendes Beispiel für den Typus der romanischen Dorfkirche erhalten (St. Paulus im Nordendorf).

Flechtinger Waldland

Der Landstrich zwischen Weferlingen im oberen Allertal und Haldensleben an der Ohre besitzt einen hohen Waldanteil. Im zentralen Bereich am Flechtinger Höhenzug sind Eichenbestände auf kargen Gesteinsböden zu finden, in einem Streifen, der von Haldensleben nach Nordwesten zieht, dominieren Kiefern, die auf sandigen Moränenrücken stehen.

Hoher Waldanteil heißt in der jüngeren Geschichte: ungünstige Bedingungen für die Landwirtschaft. Gunst oder Ungunst stellte sich für prähistorische Kulturen jedoch in ganz anderer Weise dar. So bevorzugten die Erbauer der Großsteingräber gerade die Sandkuppen am Ohretal.

Die frühmittelalterliche Situation ergibt sich aus der Grenzlage zum slawischen Siedlungsgebiet jenseits von Ohre und Drömling. Im 10. Jahrhundert wird in Walbeck im Allertal ein Kloster gegründet, von dem eine eindrucksvolle Ruine erhalten ist. Im 12. Jahrhundert haben sich die Schwerpunkte dann bereits nach Osten verschoben, wo Neuhaldensleben als Stadtgründung Heinrichs des Löwen entsteht.

Unter den mittelalterlichen Zeugnissen sind etliche Burgen zu erwähnen. Hinter den lokalen Kämpfen erkennt man schnell das erbitterte Ringen der großen benachbarten Territorialherren von Lüneburg-Braunschweig, Brandenburg, Halberstadt und Magdeburg. Reste der politischen Zersplitterung erhielten sich bis 1945.

In der Umgebung von Haldensleben entstanden zu Beginn des 19. Jahrhunderts eine Reihe von frühindustriellen Unternehmen, wobei der Magdeburger Kaufmann Nathusius eine besondere Rolle spielte. Der damalige Aufschwung zeigt sich auch in der klassizistischen Baukunst.

Landschaftlich besonders reizvoll ist das Bachtal der Beber, das in den anstehenden Fels geschnittene Talkanten besitzt. Die Gesteine dort und am nahegelegenen Flechtinger Höhenrücken entsprechen in ihrer Altersstellung dem alten Gebirgsblock des Harzes. Die Geologen erkennen hier die Klammer, die das erdgeschichtliche Geschehen im gesamten ostfälischen Raum bestimmte.

Der Charakterbaum auf den kargen Böden im Zentrum des Flechtinger Höhenzuges ist die Eiche. Uralte Hude-Eichen findet man bei Bischofswald (rechts). Beeindruckend ist auch die kilometerlange Eichenallee, die auf den Burgsitz Altenhausen zielt (unten).

Der Haldenslebener Forst birgt eine überaus hohe Zahl von Großsteingräbern. Über 80 dieser Megalith-Anlagen sind erhalten. Sie stammen aus einem Zeitraum, der mit ungefähr 3.500 bis 3.000 v.C. angegeben werden kann. Eines der bekanntesten Monumente wird „Königsgrab" genannt. Hingegen sieht die moderne Forschung in diesen Bauten Kult- und Begräbnisstätten von bäuerlichen Familienverbänden. Der hier vertretene Kreis der Trichterbecherkultur lässt sich anhand von weiteren Grabbauten bis in die Umgebung von Helmstedt verfolgen.

Die imposante Kirchenruine in **Walbeck**, hoch über dem Allertal gelegen, gehört zu den ganz wenigen Gebäuden aus ottonischer Zeit, deren Mauerwerk in größeren Teilen erhalten ist. Graf Lothar II., der den Bau als Sühneleistung errichten musste, da er sich an einer Verschwörung gegen König Otto I. beteiligt hatte, wurde 964 im Kapitelchor seiner Kirche beigesetzt.

Die aufwendige Grabbedeckung, ein schönes Beispiel für die ottonische Gipsstucktechnik, befindet sich heute in der Walbecker Dorfkirche.

Die Dorfkirchen im Aller-Ohre-Winkel, deren romanischer Ursprungsbau oft in großen Teilen erhalten ist, bewahren im Inneren so manchen kleinen Schatz der Kulturgeschichte. In Hörsingen beispielsweise ist die Neuausstattung der frühen Barockzeit erhalten, daneben schwebt ein Taufengel, wie er sich auch in Eschenrode und in **Hödingen** (Bild) findet.

Je nach dem, von welcher Seite man sich nähert, entdeckt man in **Hundisburg** eine mittelalterliche Burg oder ein großzügiges Schloss. Der Schlosstrakt und der Garten, nach barocken Vorstellungen eng aufeinander bezogen, entstanden ab 1693. Die künstlerischen Wurzeln führen über den Baumeister Hermann Korb ins Braunschweigische, genauer noch nach Salzdahlum.

Die alte Ziegelei Hundisburg ist als technisches Denkmal bewahrt. Die Produktionskette des Jahres 1903 kann im laufenden Betrieb vorgeführt werden. Eine Grubenbahn fährt zur Tonkuhle, die jetzt ein Feuchtbiotop bildet.

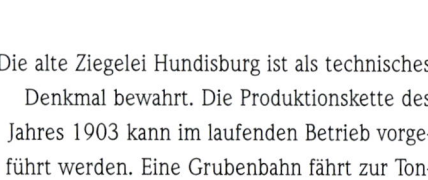

Die ältesten Teile der Burg **Flechtingen** liegen auf einem schmalen Porphyrfelsen. Der Aufstau des Baches Spetze sorgte für die umgebende Wasserlandschaft. Zur weiteren Baugeschichte gehört eine Vergrößerung der Burginsel; zuletzt wurde der Südflügel neogotisch umgestaltet. Erstaunliche Kontinuität: Von 1307 bis 1945 im Besitz der adligen Familie von Schenck.

Die von Heinrich dem Löwen um 1170 in der Ohreniederung gegründete Stadt wurde den Magdeburgern schnell zur unliebsamen Handelskonkurrenz. Bei nächster Gelegenheit schritt man unter dem Banner des Erzbischofs zur Zerstörungstat. Beim Neuaufbau hatten sich die Vorzeichen dann bereits verändert. Das zeigte später auch der Roland, das Markt- und Hoheitszeichen, in dem sich unschwer das Vorbild des Magdeburger Reiters erkennen lässt. Das Rathaus erhielt nach 1815 eine Fassade im klassizistischen Stil, der auch die folgenden Neubauten am Stadtrand und in Althaldensleben bestimmte. Die kräftige gewerbliche Entwicklung war durch den preußischen Großunternehmer J.G. Nathusius eingeleitet worden.

Burgdorf-Peiner Geest

In älterer Zeit war diese von kleineren Bach- und Flusstälern durchzogene Landschaft vergleichsweise dünn besiedelt und hat sich in vielen Zügen eine gewisse Idylle bewahrt.

Feuchte Marsch und trockene Geest sind in Norddeutschland zwei bekannte Begriffe. Tatsächlich weist das Gebiet um Burgdorf und Peine manche Gemeinsamkeit mit dem eiszeitlich geprägten Norden auf. Bei einigen der kiesig-sandigen Kuppen handelt es sich um Endmoränen, die von Gletschern aufgeschoben wurden. Eiszeitlicher Entstehung sind auch die kilometerbreiten, trockenen Talsandflächen der Oker. Der windungsreiche Fluss in grüner Aue hält sich an den östlichen Talrand mit seiner deutlichen Hangstufe.

Naturkundliche Besonderheiten zeigen jedoch, dass geologisch noch andere Faktoren eine Rolle spielen. Ein Orchideenvorkommen bei Meerdorf ist ohne den nahen Gesteinsuntergrund nicht zu verstehen. Der direkt sichtbare Sockel der Mittelgebirgszone reicht bis zum Fissenberg sechs Kilometer nördlich von Peine.

Mit geringem Erfolg hatte man bei den nicht weit entfernten „Theerkuhlen" 1862 begonnen, nach Erdöl zu bohren. Der Ölboom brach 1881 aus, als aus Mohr Nr. 3 eine schwarze Fontäne emporschoss. Bis zum schlagartigen Ende zwei Jahre später hatten sich in dem inzwischen „Oelheim" genannten Ort Dutzende von Bohrgesellschaften eingefunden. Mit verbesserter Technik fand man später weitere Lagerstätten. Neben Erdöl wurde Kalisalz, wenig südlich auch Eisenerz erschlossen, was vor allem im raschen Wachstum der Stadt Peine seinen Ausdruck fand.

Das Landstädtchen Burgdorf, heute im Bannkreis der Großregion Hannover, profitierte vom Bau der Eisenbahn. Eine intensive Vermarktung der heimischen Erzeugnisse ergab sich jedoch erst in den letzten Jahrzehnten: Die niedersächsische Spargelstraße wurde in Burgdorf „erfunden", das nahe Dollbergen stellt den größten Kartoffelumschlagplatz Deutschlands dar und in Uetze gedeiht die Silberzwiebel, was jährlich im September mit einem Fest gefeiert wird.

In langgestreckten Windungen durchzieht das Wiesental der Fuhse die flachwellige Landschaft. Die **Eltzer Mühle** markiert den Übergang in die breite Allerniederung. Ein etwas anderes Gepräge durch trockene Talsandflächen weist das eiszeitliche Stromtal der Oker auf.

Der sich im Frühjahr schnell erwärmende Sandboden eignet sich hervorragend für den Spargelanbau. Flussterrassen und Flugsande bilden die Standorte für das begehrte Edelgemüse, dessen Anbau sich inzwischen von Braunschweig nach Nordwesten verlagert hat. Hinweisschilder markieren die Niedersächsische Spargelstraße.

Zwischen Peine und Burgdorf wird der Gebirgssockel des Hügellandes von eiszeitlichen Sanden verhüllt, so dass hier bereits Landschaftsbilder der norddeutschen Geest vorherrschen.

Das Erdöl liefert im Landkreis Peine auch heute noch einen bescheidenen Ertrag, das äußere Kennzeichen bilden die „nickenden" Förderpumpen. Bei der Siedlung Oelheim westlich von Edemissen ist man ganz am Anfang der deutschen Erdölförderung angekommen. Aber schon vor den Bohrungen von 1862/1881 wurde Öl aus den „Theerkuhlen" abgeschöpft.

Wesentliche Teile der älteren Geschichte von **Peine** liegen unter der
Stadt: es sind die Gewölbe der einstigen Festung, die heute von einer
Weingroßhandlung genutzt werden. Als Symbol für die Wachsamkeit
nahm man die Eule und war besonders stolz darauf, die drei Belagerun-
gen zwischen 1519 und 1523 abgewehrt zu haben.

Wie aus der hildesheimischen, dann hannoverschen Landstadt ein
Industriestandort wurde, kann nur mit Hinweis auf das Eisenerz erklärt
werden. Jedenfalls stieg die Bevölkerungszahl von 3.800 (1852) auf
knapp 30.000 an (1961). Das Stahlwerk, Großgewerbe und ausgedehnte
Arbeitersiedlungen bilden das jüngere Gesicht der heutigen Kreisstadt.

Ein kleiner kostbarer Bestand von Orchideen weist darauf hin, dass unter dem Meerdorfer Holz Kalkgestein zu finden ist. Die hier vertretenen Knabenkraut-Arten sind zwar an nährstoffarme Verhältnisse angepasst, benötigen aber einen höheren Basen-Anteil, der nur durch nahe Gesteinslagen vermittelt werden kann.

Der Heimatbund **Uetze** pflegt das Zweiständer-Hallenhaus im nahen Wackerwinkel, das die inschriftliche Datierung 1596 aufweist. Nach der gelungenen Restaurierung zur 400-Jahr-Feier erfreut die Besucher auch der neue Bauerngarten.

Das längserschlossene Niederdeutsche Hallenhaus – Kennzeichen ist das große Tor in der Giebelseite – herrschte als traditionelle Bauform nördlich der Lössgrenze. Zwei weitere Präsentationen finden sich vor den Toren der Stadt Braunschweig: Das museale Bauernhaus in Bortfeld, ebenfalls ein Hallenhaus, und – als sinnvolle Ergänzung für die jüngere Zeit – das Landtechnik-Museum Gut Steinhof.

Niederes Hügelland · Wolfsburg

Ob man den Raum nordöstlich von Braunschweig als Flachland oder als Hügelland bezeichnen soll, hat recht unterschiedliche Antworten gefunden. Denn beides ist vertreten. Das Flachrelief im Westen, in der Umgebung von Meine, steigert sich zu ganz ordentlichen Wellenschlägen an den Gesteinsrücken von Dorm und Lappwald. Im Landschaftsmosaik nehmen die Eichen-Hainbuchen-Wälder größere Flächen ein, sie stehen vor allem auf den schlecht nutzbaren jurassischen Tonböden.

Die Zahl der Siedlungen und die Bevölkerungsdichte waren gering. Dies änderte sich grundlegend ab 1938 mit dem Bau einer riesigen Automobilfabrik in Sichtweite des Renaissance-Schlosses Wolfsburg, die der Produktion eines Volks-Autos dienen sollte.

Zur Lagebestimmung der geplanten „Stadt des KdF-Wagens", seit 1945 Wolfsburg genannt, benutzte man zunächst den Zusatz „bei Fallersleben". Der Name dieser Kleinstadt verbindet sich mit dem Dichter der deutschen Nationalhymne Heinrich Hoffmann, für den eine sehenswerte Gedenkstätte eingerichtet ist. Zeugnisse der älteren Kulturschicht finden sich ferner in kleinen Dörfern, die am Talhang der Schunter hübsch aufgereiht sind, oder in Gestalt des abgelegenen Klosters Mariental.

Von der Wolfsburger Vorkriegsplanung blieb die Idee der weit ausgebreiteten „Gartenstadt" bestehen. Aber wie sollte die neue Großstadt ein lebendiges Herz erhalten? Das Zentrum entlang der Porschestraße, die vom Rande des Klieversberges in die Allerniederung hinunter führt, schmückt sich heute mit einer Reihe von sehenswerten Bauten der Moderne. Zu ihnen gehört das 1962 eingeweihte Kulturzentrum und auch das „Phaeno" von 2005. Weitere Einrichtungen zu Wissenschaft und Kunst, für Sport und Freizeit tragen zur überregionalen Ausstrahlung bei.

In einer Stadt, die erst 70 Jahre jung ist, wird man alteingesessene Familien kaum finden. Das Automobil ist immer noch das beherrschende Thema, aber in das Lebensgefühl mischt sich auch ein Hauch von Italien, eine wirksame Folge der Zuwanderungsgeschichte.

In **Mariental** am Rande des Lappwaldes ist noch einiges von den ursprünglichen Zielen des Zisterzienserordens zu spüren. Die Niederlassungen wurden stets in der Wildnis gegründet und dann sollten Gebet und Arbeit (ora et labora) daraus Kulturland formen. Im Gegensatz zu vielen anderen Zisterzienserklöstern ist in Mariental die erste romanische Bauperiode von etwa 1140 bis 1230 später nur unwesentlich überformt worden.

Die Ausläufer des ostfälischen Hügellandes schieben sich weit nach Norden vor, der Wolfsburger Klieversberg bildet den letzten Außenposten. Aber auch bei fast ebenen Geländeformen steht oft Festgestein unter der Bodenkrume an. Bei **Meine** wirkt sich dies günstig für die Landwirtschaft aus („Meiner Klei"), beiderseits des großen Schunterbogens ist das Gegenteil der Fall. Bei Schandelah findet man Ölschiefer, in der Umgebung von **Velpke** ist ein sehr harter Keuper-Sandstein gebrochen worden („Velpker Schweiz").

Die älteren Grenzen aus der Zeit der deutschen Kleinstaaterei sind für uns Heutige oft nur schwer zu erfassen. Eine bildhafte Anschauung vermitteln die Grenzsteine im Eickhorster Holz. Die nördliche Seite zeigt KH für Königreich Hannover, die südliche HB für Herzogtum Braunschweig. Die vor 1803 noch strittige Linie hatte als Staatengrenze bis 1946 Bestand.

Seit der Eingemeindung von 1972 gehören die beiden alten Kleinstädte Vorsfelde und Fallersleben zu Wolfsburg. Beide Orte haben ihre eigene Identität bewahrt. **Fallersleben** ist vor allem durch den Verfasser der deutschen Nationalhymne, August Heinrich Hoffmann, bekannt geblieben (1840: „An meine Heimat dacht' ich eben, da schrieb ich mich von Fallersleben.“). Im Schlossbau von 1551, dem Witwensitz der Herzogin Klara, ist ein Museum für den Sprachforscher und Dichter eingerichtet. Man erfährt dort einiges über die politische Verfolgung im mittleren 19. Jahrhundert, aber auch von der Entstehung vieler Kinderlieder. Von wem wohl stammt „Alle Vögel sind schon da“?

Der sehr stattliche Komplex des Wolfsburger Schlosses dient heute kulturellen Zwecken. Einer der Wehrtürme könnte in die Frühzeit der Burg zurückreichen (1302). Die heutige Gestalt geht im wesentlichen auf die Baumaßnahmen zurück, die Hans „der Reiche" eingeleitet hat. Das üppige Zierwerk der Giebel gehört in den Kreis der Weserrenaissance.

Der adligen Familie von Bartensleben gelang es, sich zwischen den mächtigen Nachbarn mit einer fast eigenständigen Herrschaft zu behaupten; ihre Nachfolge traten ab 1742 die Grafen von der Schulenburg an. Bis 1932 besaß das Wolfsburger Gebiet eigene Grenzen gegen das hannoversche und braunschweigische Umland.

Die Pläne für den nationalsozialistischen Stadtneubau wollte man nach 1945 vor allem in ihrem Zentralbereich nicht weiter verfolgen. Noch gesteigert hingegen erscheint der Gedanke von Wohnvierteln, die weit in die Landschaft ausgreifen: die gegliederte, aufgelockerte Stadt. Wolfsburg gehört damit zu den ganz großen Experimenten des modernen Städtebaus, dessen Vor- und Nachteile inzwischen deutlicher zu erkennen sind.

Die Standortentscheidung für den Bau einer riesigen Automobilfabrik folgte strategischen Gesichtspunkten: in der Mitte des Deutschen Reiches und mit guter Verkehrsanbindung. Parallel zum Mittellandkanal entstand die 1,5 Kilometer lange Vorderfront des Werkes, die eine militärisch straffe Gliederung vorführt. Den östlichen Abschluss bildet das Kraftwerk mit dem Hafen.

Seit dem Jahr 2000 schließt sich hier das öffentliche Forum des VW-Konzerns an („Autostadt").

Nur ein halbes Jahr nach der Grundsteinlegung für die Fabrik, durch Adolf Hitler zelebriert, war die benachbarte Wohnstadt fertig – auf dem Papier. Tatsächlich realisiert wurden nur zwei kleinere Viertel. 1945 bestand die Stadt im wesentlichen aus Baracken. Die Produktion lief aber bereits im selben Jahr wieder an. Und kurz darauf beginnt die Erfolgsgeschichte eines Autos, das man meistens Käfer nennt.

Die Frage, wie die neu erbaute Stadt ein lebendiges Zentrum erhält, hat die Wolfsburger lange
beschäftigt: Die Porschestraße, die von der
Allerniederung bis fast zum Klieversberg reicht,
ist heute eine Fußgängerzone. Im Norden
führt ein Brücke über den Mittellandkanal zum
VW-Forum („Autostadt", Eröffnung 2000),
stadtseitig bildet das Phaeno den Blickfang
(Experimentierlandschaft, 2005). Am sogenannten Südkopf finden sich Rathaus, Kulturzentrum und Kunstmuseum. Die Kuppel des
Planetariums weist den Weg zur Anhöhe, oben
bildet das Theater den Abschluss
(H. Scharoun, 1973).

Wolfsburg besitzt eine Reihe von hervorragenden Einzelbauten der Moderne. Zeitlich am
Anfang steht das Kultur- und Jugendzentrum
des Finnen Alvar Aalto, 1958 entworfen, das
bis ins Detail eine humanistische Architektur-
auffassung vertritt. Völlig anders in der gedank-
lichen Konzeption wirkt das Phaeno-Gebäude
von Zaha Hadid. Es erscheint wie ein frei
geformtes plastisches Gebilde und führt eine
kühne Idee vor.

Ein Teil der Wolfsburger Bevölkerung stammt
aus Italien, Folge eines Abkommens für die
Anwerbung von Arbeitern (1955). Das Italieni-
sche Kulturinstitut trägt zum gegenseitigen Verständnis bei.
Wasserholen von der Quelle kennt man aus
dem mediterranen Raum, aber an den Wolfsburger Quellen treffen sich inzwischen die
unterschiedlichsten Leute. Und egal, welche
Tradition dabei mitschwingt, jeder schwört
genau auf dieses Wasser.

Der Drömling

Wer gern ohne größere Steigungen Fahrrad fährt, ist im Drömling bestens aufgehoben. Von Röwitz im Norden bis zur Kleinstadt Oebisfelde im Süden, insgesamt 12 km, sind zweimal 4 m Höhenunterschied zu bewältigen. Eine ähnliche Situation ergibt sich, wenn man den Weg Richtung Calvörde wählt.

Man kommt dabei durch einen Landstrich, in dem sich weite Wiesen und schmale Gehölzstreifen finden, und erfährt sehr anschaulich, warum der Drömling „Land der tausend Gräben" genannt wird. In ihrer heutigen Gestalt ist diese Landschaft noch keine 250 Jahre alt.

Gleichwohl ist sie einer Fülle von Tierarten zur Heimat geworden, daneben sind Zehntausende von Zugvögeln zu beobachten. Die für den Naturschutz wertvollsten Flächen liegen am Westrand des Drömlings. Auf niedersächsischer Seite schließt sich ein Rest des ursprünglichen Sumpfwaldes an. Das ist kein Zufall, denn die vormaligen Anlieger Hannover und Braunschweig sperrten sich zunächst vehement gegen die auf preußischer Seite begonnene Entwässerung.

Das Sumpfgebiet umfasste einst rund 200 Quadratkilometer. Nur einige kleine Sandplatten, als „Horste" bezeichnet, hoben sich daraus hervor. Der einzige Weg hindurch, der allerdings nur zeitweilig zu benutzen war, führte von Oebisfelde nach Miesterhorst und Mieste; diese Route bildet auch heute noch die Leitlinie für den Fernverkehr.

An der eiszeitlichen Entstehung des flachen Beckens, aus dem das Wasser nicht so recht abfließen wollte, besteht kein Zweifel. Die einen zeichnen dann ein europäisches Urstromtal nach, die anderen deuten auf die nahe Altmärker Endmoräne, zu denen die flach geneigten Sanderflächen im Osten des Drömlings gehören.

Dort finden wir einen breiteren Kranz von Dörfern. Unter den kulturgeschichtlichen Zeugnissen ist vor allem die große Zahl an Fachwerk-Kirchen hervorzuheben, die als landschaftstypische Eigenart erscheinen. Im bäuerlichen Hausbau entstand erst um 1800 ein eigener Typus, der den durch die Entwässerung eingeleiteten Aufschwung recht deutlich anzeigt.

Der Weißstorch ist im Drömling häufig, mehr als 35 Paare finden auf den Wiesenflächen ihre Nahrung – und brüten auf Hausdächern und alten Schornsteinen. Ganz anders verhalten sich die scheuen Kraniche, deren Fluchtdistanz mindestens 250 Meter beträgt. Zu ihrem Schutz werden auch einzelne Wege durch die Naturpark-Verwaltung gesperrt.

Ein Rest des einstigen Sumpfwaldes findet sich nordöstlich von Rühen (Giebelmoor). Vor allem nach Regenperioden bieten sich eindrucksvolle Bilder in dem Birken- und Erlenbruch, obwohl auch hier Entwässerung und Forstwirtschaft für eine Überprägung gesorgt haben. An einem Grabenrand leuchten die gelben Blüten der Sumpfschwertlilie hervor.

Die ausgedehnten Wiesenflächen im Drömling werden durch schmale Gehölzstreifen gegliedert. Ein weit verzweigtes Grabennetz, Gesamtlänge rund 1.700 Kilometer, durchzieht diese Landschaft. Bei genauerem Hinsehen ist eine reiche Libellen-Fauna zu entdecken. Stellenweise tritt die Sumpfdotterblume hervor, auch Igelkolben und Froschlöffel sind vertreten.

Die alte Grabenmeisterei Kämkerhorst wird jetzt als Naturschutzstation genutzt. In der Nähe laufen drei Hauptkanäle in die Ohre aus. Zunächst stand die Ableitung des Wassers durch Gräben und Kanäle im Vordergrund. Einige Jahrzehnte später wurde deutlich, dass zeitweise auch der Wasseranstau für die Wiesenwirtschaft nötig ist.

Am Wehr unterhalb des Wilhelmskanals befindet sich ein historischer Gedenkstein. Man erfährt, dass 1786 nach dem Befehl Friedrichs des Großen für die Ohre ein neues Flussbett ausgehoben wurde. Dies war der eigentliche Beginn der Drömlingsentwässerung.

Ein auffälliges Merkmal der Drömlingsdörfer, die sich in einem breiteren Kranz auf den Sanderflächen im Nordosten finden, sind ihre Fachwerk-Kirchen. Die beeindruckende regionale Tradition lässt sich vom späten 17. Jahrhundert an in schönen Beispielen verfolgen (oben: Zobbenitz, links: Potzehne). Die Kirche von Dannefeld bietet dann noch eine weitere kleine Sensation, die Bauernfahne von 1675.

Im bäuerlichen Hausbau spiegeln sich die wirtschaftlichen Erfolge der preußischen Drömlingsentwässerung. Man kann dies in **Röwitz** (Bild), Köckte oder Miesterhorst nachvollziehen, wo die
Hausinschriften Baudaten zwischen 1802 und 1858 ausweisen.

Der Flecken **Calvörde** am Südostrand des Drömlings trägt die Wegesitua-
tion bereits im Namen (Vörde = Furt). Er bildete mit den umliegenden
Dörfern bis 1945 eine braunschweigische Exklave.

Bei der im 13. Jahrhundert angelegten Stadt **Oebisfelde** begann ein
Knüppeldamm, der – zumindest bei niedrigem Wasserstand – quer durch
das Drömlingsgebiet in Richtung Altmark führte. Die Burg Oebisfelde ist
in ihrem mittelalterlichen Baubestand weitgehend erhalten. Das Rathaus
(Ratskeller 1477) erlebte mehrere Umbauphasen, ein „Roland" wurde
aber erst im 19. Jahrhundert aufgestellt.

Allerniederung · Südheide · Gifhorn

Für die urbane Bevölkerung im Braunschweiger Raum ist völlig klar, dass irgendwo bei Gifhorn die Lüneburger Heide beginnt. Der Trend zum Wochenendausflug in die Südheide zeichnete sich bereits in den 1950er Jahren ab. Bis heute hat sich die Zahl von Ferienhäusern vervielfacht, etliche Freizeitseen sind neu entstanden, und als Ausflugsziel kommt das Gifhorner Mühlenmuseum noch hinzu.

Wo aber die Heide wirklich beginnt, ist bei genauer Betrachtung nicht so einfach festzulegen. Nimmt man das Phänomen der struppigen Calluna, die im August auf weiten Flächen violett blüht, so trifft man den ersten Vorposten bei dem Örtchen Winkel, westlich vor den Toren Gifhorns gelegen: die Eyßelheide. Damit sind wir zugleich bei Hermann Löns angelangt, der sich hier mehrfach aufhielt; im Gasthaus stand ihm ein Zimmer zur Verfügung.

Etwas irritierend wirkt allerdings der Umstand, dass die Heidefläche bei Winkel nur durch den beherzten Einsatz Gifhorner Bürger gerettet wurde. So entging sie der Aufforstung, die seit dem mittleren 19. Jahrhundert den größten Teil der Lüneburger Heide in ein Waldland verwandelte.

Die Geographen machen auf einen weiteren Umstand aufmerksam: die Eyßelheide bedeckt ein ausgedehntes Dünenfeld, das zum eiszeitlichen Formenschatz der in diesem Abschnitt rund 5 Kilometer breiten Allerniederung gehört. Als Naturraum „Heide" wollen sie erst anerkennen, was sich nördlich auf erhöhten Geestplateaus anschließt.

Nimmt man die kulturgeschichtliche Entwicklung in den Blick, so ist festzuhalten, dass der gesamte Bereich der Allerniederung zwischen Wolfsburg und Wienhausen und auch Ost- und Südheide außerordentlich dünn besiedelt waren. Der hohe Grundwasserstand, die Randmoore sowie die kargen Böden wirkten als begrenzender Faktor. Auch der alte Brückenort Gifhorn bildet nicht wirklich eine Ausnahme. Im Jahre 1821 zählte man lediglich 1.608 Einwohner. Heute sind es zwanzig Mal soviel, wozu die Ansiedlung von VW-Pendlern nicht wenig beigetragen hat.

Eiszeitliche Schmelzwässer formten einen kilometerbreiten Talboden, die heutige Allerniederung. Dagegen nimmt sich unser warmzeitlicher Wiesenfluss zwischen Wolfsburg und Gifhorn vergleichsweise bescheiden aus. Bei Müden tritt die vom Harz kommende Oker hinzu. Kloster Wienhausen bildet die nächste Etappe.

Die Eyßelheide westlich von Gifhorn ist längst kein Geheimtipp mehr.
Das war zwischen 1910 und 1914 noch anders, als sich Hermann Löns
im Gasthaus des Dörfchens Winkel wiederholt einquartierte. Das Gasthaus dort heißt deshalb mit einigem Recht „Löns-Krug".

Dass Baggerseen, dort wo Kies oder Sand gewonnen wurde, zu einem
Geschenk für die erholungsuchende Bevölkerung werden können, ist
eine bekannte Erfahrung. Im Landkreis Gifhorn nutzte man die Chan-
cen, die sich aus dem Bau des Elbe-Seiten-Kanals ergaben (fertiggestellt
1976). Am 62 Hektar großen Tankum-See entstand eine touristische
Ferienlandschaft.

Das Internationale Mühlenmuseum ist aus der Identität der Kreisstadt
Gifhorn nicht mehr wegzudenken. Auf dem Freigelände werden 16
Mühlen aus aller Welt vorgestellt, in der landschaftlich angepassten Aus-
stellungshalle befindet sich eine stattliche Sammlung von anschaulichen
Modellen.

Bei Gifhorn reichen Dünenfelder bis nahe an den Aller-Fluss; nach kurzer Passage ist der trockene Geestrand im Norden erreicht. Nahe dem Straßenübergang entstand seit 1525 ein stark befestigter Schlossneubau der Herzöge von Lüneburg-Celle, der 1539-49 als Fürstensitz diente.

Die im 16. Jahrhundert eingeleitete Entwicklung fand in der Stadt Gifhorn nur eine sehr gemächliche Fortsetzung. Die eigentliche Überraschung bietet die jüngste Zeit. Wenn 1939 knapp 6.000 Einwohner gezählt wurden – selbst ein Krankenhaus fehlte damals in der Kreisstadt –, so hat sich deren Zahl bis heute auf über 30.000 erhöht (Kernstadt). Bauflächen auf landwirtschaftlich kaum nutzbaren Böden standen hier reichlich zur Verfügung und Arbeitsplätze schuf die Fahrzeug-Industrie.

Mit der Gifhorner Schlosskapelle wurde bereits 1547 ein Kirchenraum eigens für den protestantischen Wortgottesdienst errichtet. Dieser gehört jetzt zum Historischen Museum des Kreises Gifhorn, wird aber auch gottesdienstlich genutzt. Seit 1983 ist wieder ein Altarbild vorhanden, angefertigt nach einem Wettbewerb durch den Berliner Johannes Grützke („Der ungläubige Thomas"). Der Maler knüpft dabei in der Art der Darstellung an die alten Meister an. Die intensive Präsenz des Geschehens, in die sich Grützke portraithaft mit einbezog, löste lange Diskussionen aus.

Die Wiesenflächen in der Allerniederung bieten günstige Bedingungen für die Pferdezucht. Unter Kennern gut bekannt sind die Einrichtungen in Adelheidsdorf, die zum Celler Landgestüt gehören.

Zu den Randmooren der Allerniederung gehört das Viehmoor zwischen Winkel und Leiferde, während sich das Große Moor im Ise-Tal weit in nördliche Richtung erstreckt. Die ursprüngliche Fläche umfasste rund 45 Quadratkilometer, die Torfmächtigkeit betrug stellenweise mehr als fünf Meter. Das Foto entstand nördlich der Moorsiedlung Neudorf-Platendorf.

Die Bauernhäuser von **Weyhausen** wurden nach einem Großbrand des Jahres 1831 neu errichtet; der ursprüngliche Ortsgrundriss blieb. Die Hofgrundstücke sind dabei auf einen fast runden Dorfplatz ausgerichtet: ein „Rundlingsdorf".

Die Rundlingsdörfer lassen sich vielfach im östlichen Niedersachsen nachweisen und werden als eine Neusiedlungsform des 12. Jahrhunderts angesehen. Wie bei Weyhausen, das direkt an der Aller liegt, befinden sich diese Dörfer oft am Rande von sumpfigen Niederungen.

Der Ziegelstein, aus Lehm gebrannt, kam seit dem 12. Jahrhundert dort in Gebrauch, wo Naturstein nicht mehr zur Verfügung stand. Im Nordwesten der ostfälischen Landschaft behalf man sich im frühen Kirchenbau mit Raseneisenstein, der unter wechselfeuchten Wiesenflächen entstanden war.

Kloster **Wienhausen** gilt als ein hervorragendes Zeugnis der norddeutschen Backsteingotik. Während am Außenbau der typische Staffelgiebel in Erscheinung tritt, vermittelt der Nonnenchor mit seiner erhaltenen Ausstattung einen Eindruck von mittelalterlicher Frömmigkeit. Das um 1230 gegründete Kloster ist seit dem 16. Jahrhundert ein evangelisches Damenstift. Die kostbaren Bildteppiche werden jeweils in einer Festwoche nach Pfingsten besonders gewürdigt.

Regionale Zeittafel zur Baukunst. Beispiele aus diesem Buch

Ottonische Vor-Romanik ca. 920 - 1040	• Walbeck, Stiftskirche • Gernrode, Stiftskirche • Hildesheim, St. Michael
Romanik ca. 1040 - 1230	• Königslutter, Dom (Abteikirche) • Hamersleben, Stiftskirche • Bad Gandersheim, Dom (Stiftskirche) • Braunschweig, Dom (Stiftskirche)
Gotik ca. 1230 - 1530	• Halberstadt, Dom • Rathäuser (Braunschweig, Goslar) - Bürgerlicher Fachwerkbau (Quedlinburg) - Stadtbefestigungen (Goslar) - Burgen (Flechtingen u.a.)
Renaissance ca. 1530 - 1630/70	- Wolfenbüttel, Stadtgrundriss - Wolfenbüttel, Hauptkirche BMV - Helmstedt, Juleum - Braunschweig, Gewandhaus Ostfassade - Bürgerliche Fachwerkbauten (Einbeck u.a.) - Ländliche Fachwerkbauten - Salzgitter-Salder, Schloss
Barock ca. 1630/70 - 1770	- Hildesheim, Heiligkreuz-Kirche (Fassade) - Wolfenbüttel, St. Trinitatis - Wolfenbüttel, Schloss Hauptfront - Festung Regenstein - Ländliche Fachwerkbauten - Gartenanlagen (Hundisburg, Blankenburg)
Klassizismus ca. 1770 - 1840	- Braunschweig, Residenzschloss (Rekonstruktion) - Haldensleben, Rathaus - Braunschweig, Villa Salve Hospes - Braunschweig, Wallring-Promenaden
Historismus ca. 1840 - 1900	- Wernigerode, Schloss - Industriebauten (Ziegelei Hundisburg u.a.)
Moderne (Jugendstil, Neues Bauen, Nachkriegszeit)	- Alfeld, Fagus-Werk - Stadtgrundrisse (Wolfsburg, Salzgitter) - Wolfsburg, Volkswagen-Werk - Wolfsburg, Porschestraße (mehrere Bauten)

Zeitleiste zur Territorialgeschichte im ostfälischen Raum.

Westliches und nördliches Harzvorland

Abkürzungen:
Ldk = Landkreis / ca. = circa / n. = nördlich, nö. = nordöstlich; ebenso für die anderen Richtungen
Gfsch = Grafschaft, Gf = Graf, Fstm = Fürstentum, Fst = Fürst

Anmerkung:
Das alte sächsische Stammesgebiet („Sachsen") wird erst seit dem 16. Jh. häufiger als Niedersachsen bzw. als Niedersächsischer Reichskreis bezeichnet. Dementsprechend wird hier der Sprachgebrauch gewählt.

6. – 8. Jh.	**„Saxones" als Sammelbezeichnung** für germanische Stammesgruppen, die nordöstlich der Franken siedeln (östlich von Rhein und Ruhr, im Wesergebiet und bis zur Elbe)
531	**Niederwerfung des Thüringerreiches durch die Franken** Dieses „Reich" ist in seinen Grenzen nicht exakt bestimmbar, umfasste aber sehr wahrscheinlich auch Gebiete nördlich des Harzes
um 550	Kriegszüge der Franken unter Chlothar I. in das Gebiet der „Saxones" östlich von Rhein und Ruhr, zeitweilige Tributpflicht
um 750	Das nördliche Harzvorland als Teilgebiet Sachsens tritt in den fränkischen Schriftquellen deutlicher hervor (743, 744, 748)
772 – 804	**Sachsenkriege Karls des Großen** Eingliederung in das fränkische Reich. Durchsetzung bis dahin unbekannter Königsrechte und Einführung der fränkischen Grafschaftsverfassung. Christianisierung unter Zwang
Ende 8. Jh.	In den Augen der fränkischen Eroberer erscheinen die Sachsen zunächst in drei Völkerschaften geteilt: Westfalen, Engern und Ostfalen. **„Ostfalen" umfasst geografisch Gebiete im Leine-Innerste-Bergland und das gesamte nördliche und nordöstliche Harzvorland**
ab 780	**Ostfalen: Christianisierung, Bistümer, Diözesansprengel** • 780 Sachsentaufe in Ohrum unter Karl dem Großen • um 815: Hildesheim Bischofssitz (vorangehend Missionssitz in Elze) • um 815: Halberstadt Bischofssitz (vorangehend Missionssitz in „Seligenstadt" [Osterwieck]) • 968 Gründung des Erzbistums Magdeburg, wofür das Bistum Halberstadt stark beschnitten wird
805	Grenzland an Ohre und Elbe. Magdeburg wird als einer der Plätze für den Handel mit den slawischen Stämmen bestimmt (Karl der Große)
9. – 11. Jh.	In den Ortsangaben werden die älteren Gaubezeichnungen (Siedlungsbezirke) neben den jüngeren Grafschaftsverhältnissen genannt. **Einige wichtige Gaue in Ostfalen** • Flutwidde (Burgdorf, Uetze, mittlere Aller) • Astfala (ö. Hildesheim, übernimmt den Namen Ostfalen) • Leragau (w. der mittleren Oker) • Ambergau (Nettetal) • Flenithi (Lamspringe-Gandersheim) • Derlingau (ö. der mittleren Oker) • Nordthüringgau (ö. der oberen Aller) • Harzgau (n. Harzrand bis Großes Bruch)
10. Jh.	Die Bezeichnung „Ostfalen" wird durch „Ostsachsen" verdrängt. Dieses umfasst dann auch Gebiete südöstlich des Harzes (Folge kirchenrechtlicher Festlegung und durch Herrschaftsansprüche der Liudolfinger).
919 – 1024	**Königsfamilie der Ottonen („Liudolfinger"), ihre Heimat ist Ostfalen.** Heinrich I. 919-936, Otto I. [der Große] 936-973 (Begründer des deutsch-römischen Kaisertums), Otto II. 973-983, Otto III. 983-1002 (Regentschaft Theophanu und Adelheid bis 994), Heinrich II. 1002-1024
1039 – 1056	**König Heinrich III. (1046 Kaiser).** Er wählt die Pfalz Goslar als seinen bevorzugten Aufenthaltsort, wo sein Herz heute noch bewahrt wird

1125-37	**König Lothar III.** (1133 Kaiser). Sein Stammsitz ist Süpplingenburg bei Helmstedt, Begräbnisstätte Königslutter. Ehe mit der Brunonenerbin Richenza. • 1090 Tod des letzten Brunonengrafen Ekbert II., Braunschweig über Erbgang und Ehe an Lothar • Eheverbindung von Lothars Tochter mit den süddeutschen Welfen; Lothars einziger Enkel ist Heinrich, genannt „der Löwe"
bis 1170	Im Südosten von Ostfalen und in der Altmark erringt Markgraf Albrecht der Bär eine starke Stellung („Askanier" oder „Anhaltiner")
1142-80	Heinrich der Löwe Herzog von Sachsen († 1195), Braunschweig als Metropole
1235	**Das Herzogtum Braunschweig-Lüneburg** formell als Reichslehen konstituiert, der Welfe Otto das Kind als der erste Herzog eingesetzt († 1252; er ist der Enkel Heinrichs des Löwen). **Die Umrisse auch der übrigen Territorien** sind zu diesem Zeitpunkt bereits zu erkennen: die weltlichen Gebiete der Bischöfe von Hildesheim und Halberstadt (benannt als „Hochstift"), des Erzbischofs in Magdeburg („Erzstift"), sowie das Stiftsgebiet Quedlinburg. Daneben sind die Grafschaften Wernigerode und Blankenburg und der Reichsbezirk Goslar (ab 1290/1340: Reichsfreie Stadt) zu nennen. Um die Herrschaftsrechte im einzelnen wurde noch lange gerungen. In besonderem Maße betraf dies ein Gebiet im Nordosten (etwa: Wolfsburg bis Haldensleben), wo auch die jeweiligen Herren der Altmark, zunächst die Askanier, dann die Brandenburger, beteiligt waren
ab 1267	**Die Welfen und ihre Landesteilungen** • Norden: Fstm Lüneburg-Celle, Nebenlinie Harburg, Nebenlinie Dannenberg, kurzzeitig auch Nebenlinie Gifhorn • Süden: Fstm Wolfenbüttel, Fstm Grubenhagen-Einbeck, Fstm Göttingen, Fstm Calenberg-Hannover • Die „echten" Titulaturen sind kompliziert, z.B. „Herzogtum Braunschweig und Lüneburg, Wolfenbüttelschen Teils" **Städtebündnisse, Hanse** • ab der Mitte des 13. Jahrhunderts schließen einzelne Städte Bündnisse zur Straßen- und Handelssicherung • 1335: Vorläufer des sächsischen Städtebundes (zunächst Goslar, Braunschweig, Halberstadt, Quedlinburg, Aschersleben) • 1356/58: Entstehung der Städtehanse in Lübeck
ab 14. Jh.	**Die Stadtrepubliken** Alle sind Mitglied der Hanse, ebenso die kleineren Städte Alfeld und Bockenem (eingeklammertes Datum: Verlust wesentlicher Freiheiten) • Braunschweig (bis 1671) • Hildesheim (bis 1702 / 1711) • Goslar (1552, Verlust der Rechte am Rammelsberg) • Halberstadt (bis 1486) • Quedlinburg (bis 1477) • Einbeck (bis 1632) • Helmstedt (bis 1518 in der Hanse)
1519-23	**Hildesheimer Stiftsfehde** Weite Gebiete des Hochstiftes Hildesheim an das Fstm Wolfenbüttel; der Überrest wird als „Kleines Stift" bezeichnet **Reformation, Städte** Blankenburg 1526, Braunschweig 1528, Goslar 1528, Einbeck 1529, Haldensleben 1541, Hildesheim 1542 **Reformation, Territorien** (d.h. offizieller Übergang zum evangelischen Bekenntnis) Fstm Lüneburg: 1525 Stiftsgebiet Quedlinburg: 1539 („Freies weltliches Stift") Fstm Calenberg-Göttingen: 1540 Erzstift Magdeburg: Religionsfreiheit 1541 Hochstift Halberstadt: Religionsfreiheit 1541 (ev. 1591) Fstm Wolfenbüttel: 1542-47, endgültig 1568 Kleines Stift Hildesheim: bleibt überwiegend katholisch
1539-49	**Kurzfristige Existenz eines Fürstentums Gifhorn** Hz. Franz, jüngerer Bruder von Ernst dem Bekenner, Mitregierung 1536-39 in Celle, dann eigene Regierung in Gifhorn

ab 1573	**Katholisches Fürstbistum Hildesheim als Nebenland der Wittelsbacher**
	1573 mit Ernst II. v. Bayern erstmals ein Wittelsbacher zum Bischof von Hildesheim gewählt (von da ab zumeist eine Verbindung mit Erzstift und Kurfürstentum Köln)

um 1600	**Der Wolfenbüttelsche Großstaat**
	• 1566-1626 Bischöfe des Bistums Halberstadt aus dem Wolfenbütteler Fürstenhaus (1566 wird der zweijährige [!] Heinrich Julius vom Domkapitel gewählt)
	• 1582 Mit-Regierung in der Grafschaft Hoya
	• 1593 Anteil an der Harzer Grafschaft Honstein
	• 1599 Übernahme der Gfsch Regenstein-Blankenburg nach dem Aussterben der dortigen Grafen
	• Regentschaft in den welfischen Territorien Calenberg, Göttingen und Grubenhagen

1635	Gemeinsames welfisches Verwaltungsgebiet für Forsten und Bergwerke im Nord-Harz („Kommunionharz")

1617-1648	**Demontage des Fürstentums Wolfenbüttel**
	• 1617 Das Fstm Grubenhagen wird nach Gerichtsentscheid an die cellische Linie des Welfenhauses übergeben
	• 1623/26 Ende der Regierung in Halberstadt
	• 1635 Zugleich mit formeller Regierungsübernahme durch Hz. August im Fürstentum Wolfenbüttel wird auf Erbansprüche an Calenberg und Göttingen verzichtet
	• 1643 Durch Sonderfrieden geht das „Große Stift" wieder an das Fürstbistum Hildesheim. Wolfenbüttel muss nach 120 Jahren die errungenen Gebiete zurückgeben (die zwangsweise Rekatholisierung wird untersagt, jedoch werden gerade hier etliche katholische Klöster neu gegründet)

ab 1648	**Die neue Rolle von Brandenburg-Preußen**
	• 1648 Erwerb Fürstentum Halberstadt
	• 1648 Erwerb Herzogtum Magdeburg (faktisch erst ab 1666 über die Stadt und 1680 über das Landgebiet)
	• 1662 Der brandenburgische Kurfürst lässt erstmals den Burgberg Regenstein besetzen (1670-1945 preuß. Exklave im braunschweigischen Gebiet)
	• 1698 Schutzvogtei über das Stift Quedlinburg
	• 1714 Rechte Preußens über Gfsch Wernigerode in einem Rezess festgehalten

1671	**Eroberung der Stadt Braunschweig** durch die vereinigten Welfenfürsten.
	Alle Rechte an der Stadt fallen an das Fstm Wolfenbüttel.
	Dafür erhält die Linie in Celle Landgebiete und die Linie in Hannover den Kirchenschatz von St. Blasius (sog. Welfenschatz)

um 1700	**Der Aufstieg des welfischen Fürstentums Calenberg-Hannover**
	• 1692 Der Herzog in Hannover erringt die Kurfürstenwürde (Fstm Calenberg mit Göttingen und Grubenhagen)
	• 1705 Vereinigung Fstm Lüneburg mit Kurhannover
	• 1714 Personalunion England und Kurhannover (bis 1837)

1753	**Braunschweig Residenzstadt des gleichnamigen Herzogtums**
	Seit 1432 hatte sich Wolfenbüttel zunehmend als Residenzort dieses welfischen Teilgebietes durchgesetzt; es wird nunmehr in dieser Rolle von Braunschweig abgelöst (Landeshauptstadt des Staates Braunschweig bis 1946)

ca. 1800 – 13	**Die napoleonische Zeit**
	• 1802/03 durch Reichsdeputationshauptschluss werden auch die Reichsklöster und ähnliche „immune" Gebiete in die größeren Landesherrrschaften eingegliedert (z.B. Stiftsbezirk in Gandersheim, Bezirk von Kloster St. Ludgeri in Helmstedt)
	• 1802 Ende der Reichsfreiheit Goslars, die praktisch schon lange ohne Bedeutung war
	• 1802/03 Fürstbistum Hildesheim wird durch Säkularisierung zum Fürstentum, Übergabe an Preußen (1813/15 an Hannover)
	• 1806 französische Truppen in Braunschweig
	• 1807-13 Königreich Westphalen unter Napoleons Bruder Jérôme, umfasst annähernd das gesamte ostfälische Gebiet

1814/15	Wiener Kongress. Im ostfälischen Raum werden die Verhältnisse im wesentlichen so wiederhergestellt, wie sie 1806 bestanden haben.
	Jedoch das Fürstentum Hildesheim und die Stadt Goslar nun an Hannover (dieses 1814 zum Königreich erhoben)

1815	Neuordnung der Verwaltung in Preußen: Bildung der „Provinz Sachsen".
	Diese Provinz umfasst die Altmark, Gebiete um Magdeburg, Halberstadt, Quedlinburg, ferner Halle, Merseburg u.a.m.

19. Jh.	**Braunschweig überlebt als selbständiger Staat**
	aufgrund seiner politischen Anlehnung an Preußen.
	• 1866 Hannover durch Preußen annektiert
	• 1884 Herzog Wilhelm von Braunschweig hinterlässt nur uneheliche Kinder.
	Preußen verhindert die Nachfolge der Hannoveraner Welfen, bis es gelingt, Kaisers Tochter mit dem Erbfolger zu verheiraten. 1913-18 Herzogtum, Revolution, dann Freistaat Braunschweig bis 1946
ab 1937	**Aufbau der Industrie-Komplexe Salzgitter und Wolfsburg**
	Salzgitter
	• 1937 Gründung der Reichswerke Salzgitter.
	• 1941 Gebietsmäßige Voraussetzungen für die Stadtgründung: Stadt und Ldk Goslar an Freistaat Braunschweig (dafür Ldk Holzminden an Preuß. Provinz Hannover). Hinzu weitere kleinere Gebietsübertragungen: u.a. Hornburg an Braunschweig (dafür die Orte Hessen und Pabstorf an die Preuß. Provinz Sachsen)
	• 1942 Gründung der Stadt Watenstedt-Salzgitter (1951: Salzgitter)
	Wolfsburg
	• 1938 Gründung eines Fahrzeugwerkes und einer neu aufzubauenden Stadt („Stadt des KdF-Wagens bei Fallersleben"). Daraus dann nach 1945 der Volkswagenkonzern und die Stadt Wolfsburg.
1945, April bis Juli	**Ende der nationalsozialistischen Diktatur, Aufteilung in Besatzungszonen**
	• April: Besetzung von ganz Ostfalen durch US-amerikanische Truppen
	• Ende Mai 1945: Ablösung durch britische Truppen: „Britische Besatzungszone"
	• Anfang Juli 1945: Rückzug der Briten bis zu einer Linie Helmstedt, Hornburg, Bad Harzburg (alte Westgrenze der Preuß. Provinz Sachsen). Die geräumten östlichen Teile Ostfalens an die Sowjet-Armee: „Sowjetische Besatzungszone"
1945, ab Mitte Juli	Bildung des Landes Sachsen-Anhalt. Dieses besitzt schießlich Landtag und Regierung.
	Das Gebiet umfasst die Preuß. Provinz Sachsen und das Land Anhalt.
	Zunächst Einsetzung eines Präsidiums, im Herbst 1946 Landtagswahlen; der Landesname ab 1947
1946, Nov.	Bildung des Landes Niedersachsen.
	Bestandteile sind Freistaat Braunschweig, Preuß. Provinz Hannover, Länder Oldenburg und Schaumburg-Lippe.
	Allerdings: dem Freistaat Braunschweig sind damals schon Gebiete entzogen, die der Sowjetzone zugeschlagen waren (Hauptteil des Ldk Blankenburg, Gebiet um Calvörde)
ab 1949	**Die Staatengrenze BRD - DDR zerschneidet Ostfalen**
	in zunehmend schärferer Weise bis hin zur völligen Abriegelung.
	1949 formelle Staatsgründung der BRD (Bundesrepublik Deutschland) und der DDR (Deutsche Demokratische Republik).
	• Westteil von Ostfalen in Niedersachsen, zur BRD
	• Ostteil von Ostfalen in Sachsen-Anhalt, zur DDR
	• Lebensgefahr an der Staatengrenze! Die östlichen Grenztruppen schießen scharf
1952	Auflösung des Landes Sachsen-Anhalt, Schaffung der Bezirke Magdeburg und Halle mit straffer Eingliederung in den DDR-Staat
1972 – 1978	Verwaltungs- und Gebietsreform in Niedersachsen.
	Die Städte Fallersleben und Vorsfelde nach Wolfsburg eingemeindet, Änderung der jahrhundertealten Grenzen des Landkreises Helmstedt im Norden und Nordwesten, Auflösung des Landkreises Braunschweig u.a.m.
1989/1990	**Die ostfälische Landschaft gehört seit 1990 zu zwei deutschen Bundesländern:**
	Niedersachsen und Sachsen-Anhalt.
	1989, 9. November, etwa 21.30 Uhr: Öffnung der DDR-Grenze in Marienborn.
	1990 Auflösung der DDR, Neuformierung des Landes Sachsen-Anhalt, Beitritt zur BRD

Literaturhinweise
Ortsalphabetische Nachschlagewerke

Handbuch der historischen Stätten Deutschlands. Verlagsort Stuttgart.
Band 2: Niedersachsen und Bremen, 5., verb. Auflage, 1986.
Band 11: Provinz Sachsen Anhalt, 2., überarb. und erg. Aufl., 1987

Dehio - Handbuch der deutschen Kunstdenkmäler. Verlagsorte München und Berlin. Bremen Niedersachsen, neubearb., stark erw. Aufl. 1992. Sachsen-Anhalt I: Regierungsbezirk Magdeburg, 2002

Urs und Jutta Boeck sowie Jutta Brüdern, DKV Bildhandbuch: Städte Braunschweig, Salzgitter, Wolfsburg, Landkreise Helmstedt, Wolfenbüttel, München Berlin 1988

Wege in die Romanik. Das Reisehandbuch, Hg. Ndss. Ministerium für Wirtschaft, Technologie und Verkehr, Bd.1: Aufsätze und Lexikon, Hannover 1993

Die Naturschutzgebiete Sachsen-Anhalts, Bearb. Joachim Müller et al., Hg. Landesamt für Umweltschutz Sachsen-Anhalt, Jena u.a. 1997

Atlaswerke, Karten

Geologische Wanderkarte 1 : 100.000 Braunschweiger Land (Hannover 1984); Leinebergland (Hildesheim 1979, 2.1989); Harz (Halle [Saale] 1998)

Topographischer Atlas Niedersachsen und Bremen. Eine Landeskunde in 111 Karten, Erläuterungen von Hans Heinrich Seedorf, Hg. Niedersächsisches Landesverwaltungsamt - Landesvermessung, Neumünster 1977

Geschichtlicher Handatlas von Niedersachsen, Hg. Institut f. Historische Landesforschung der Univ. Göttingen, Bearb. Gudrun Pischke, Neumünster 1989

Mitteldeutscher Heimatatlas, 2., völlig neubearb. Aufl. (auch u.d.T.: Atlas des Saale- und mittleren Elbegebietes), Hgg. Otto Schlüter und Oskar August, Teil 1-3: jew. Kartenmappe und Erläuterungsheft, Leipzig 1958-61

Geschichtliche und landeskundliche Überblicke

Theodor Müller, Ostfälische Landeskunde, Braunschweig 1952

Richard Moderhack (Hg.), Braunschweigische Landesgeschichte im Überblick, 3., mit Nachträgen ergänzte Auflage, Braunschweig 1979

Horst-Rüdiger Jarck und Gerhard Schildt (Hgg.), Die Braunschweigische Landesgeschichte. Jahrtausendrückblick einer Region, Braunschweig 2000

Ingrid Eichstädt, Mitarbeit J. Conrad und K.-W. v. Wintzingerode-Knorr, Die Geschichte des Raumes Gifhorn-Wolfsburg (Heimatkundliche Schriftenreihe der Sparkasse Gifhorn-Wolfsburg, Band 12), Gifhorn 1996

Hermann Heckmann (Hg. für die Stiftung Mitteldeutscher Kulturrat Bonn), Sachsen-Anhalt - Historische Landeskunde Mitteldeutschlands, 3. Auflage, Würzburg 1991

Mathias Tullner, Geschichte des Landes Sachsen-Anhalt, Hg. Landeszentrale für politische Bildung des Landes Sachsen-Anhalt, 3., überarb. und erw. Auflage, Opladen 2001

Braunschweig und das Land zwischen Harz und Heide, Hg. Ndss. Landeszentrale f. politische Bildung, Mit Beiträgen von Wolfgang Meibeyer u.a., (Hannover) Braunschweig 1994

Hildesheim - Stadt und Raum zwischen Börde und Bergland, Hg. Ndss. Landeszentrale f. politische Bildung, Mit Beiträgen von Andrea Germer u.a., (Hannover) Hildesheim 2001

Naturraum, Geografie

Handbuch der naturräumlichen Gliederung Deutschlands, Hgg. Emil Meynen u.a., Bd.1-2, Remagen 1953-1962. Ergänzend: Geographische Landesaufnahme 1 : 200.000, Naturräumliche Gliederung Deutschlands, Erläuterungshefte und Kartenblätter soweit erschienen

Ernst-Rüdiger Look, Mit Beiträgen von H. Kolbe u.a., Geologie, Bergbau und Urgeschichte im Braunschweiger Land [Dokumentation zur Geologischen Wanderkarte 1:100.000], erw. u. erg. Auflage, Hannover 1986
Geolog. Jahrbuch, Reihe A, Heft 88)

Fritz J. Krüger unter Mitarbeit von Monika Bernatzky u.a., Braunschweiger Land (Wanderungen in die Erdgeschichte, Bd.19), München 2006

Hartmut Knappe und Karl-Armin Tröger, Die Geschichte von den neun Meeren. Ursprung des nördlichen Harzvorlandes, Hg. Harzmuseum Wernigerode, 1988

Ernst Andreas Friedrich, Niedersachsen. Schatzkammer der Natur, Hannover 1987

Auf den Spuren einer frühen Industrielandschaft. Naturraum, Mensch, Umwelt im Harz, Hg. Ndss. Landesamt für Denkmalpflege, (Hannover) Hameln 2000

Lydia Bäuerle und Wolfhart Klie (Hgg.), Exkursionsführer Braunschweig: Vom Harz zur Heide, 2. Auflage, Braunschweig 1990

Archäologie

Hans-Jürgen Häßler (Hg.), Ur- und Frühgeschichte in Niedersachsen, Stuttgart 1991

Joachim Herrmann (Hg.), Archäologie in der Deutschen Demokratischen Republik. Denkmale und Funde, Band 1-2, Stuttgart 1989

Hery A. Lauer, Archäologische Wanderungen in Ostniedersachsen (Göttingen 1979), Archäologische Wanderungen in Südniedersachsen (Angerstein 1988)

Führer zu archäologischen Denkmälern in Deutschland, Band 34: Das Braunschweiger Land, Redaktion Wolf-Dieter Steinmetz, Stuttgart 1997

Archäologie in Sachsen-Anhalt, Hg. Landesamt für Denkmalpflege und Archäologie Sachsen-Anhalt, Halle (Saale). Sonderband 2: Quer-Schnitt, Ausgrabungen an der B 6n, Band 1: Benzingerode - Heimburg, 2005. Sonderband 4: Archäologie XXL, Archäologie an der B 6n im Landkreis Quedlinburg, 2006

Historische Themen, Ausstellungskataloge

Matthias Springer, Die Sachsen, Stuttgart 2004 (Urban-Taschenbücher 598)

Tausend Jahre Taufen in Mitteldeutschland, Katalog der Ausstellung in Magdeburg 2006, Red. Bettina Seyderhelm, Regensburg 2006

Otto der Große, Magdeburg und Europa, Katalog der Ausstellung in Magdeburg 2001, Bd.1-2, Hg. Matthias Puhle, Mainz 2001

Ernst Schubert, Stätten sächsischer Kaiser, Aufnahmen von Klaus G. Beyer, Leipzig u.a. 1990

Heinrich der Löwe und seine Zeit. Herrschaft und Repräsentation der Welfen 1125-1235, Katalog der Ausstellung in Braunschweig 1995, Bd.1-4, Hgg. Jochen Luckhardt und Franz Niehoff (Bd.3 zusammen mit Gerd Biegel), München 1995

Robert Slawski, Im Zeichen des Löwen. Herzog Heinrich der Löwe und seine Zeit [...] Historische Reportagen, 3., erw. Auflage, Braunschweig 2004

Herzog Anton Ulrich von Braunschweig [1633-1714]. Leben und Regieren mit der Kunst, Katalog zur Ausstellung 1983 im Herzog Anton Ulrich - Museum Braunschweig, Braunschweig 1983

Stadt im Wandel. Kunst und Kultur des Bürgertums in Norddeutschland 1150-1650, Ausstellung 1985 in Braunschweig, Hg. Cord Meckseper, Bd.1-4 (Zusatzband von H. Hammer-Schenk und D. Lange, Alte Stadt - Moderne Zeiten. Eine Fotodokumentation zum 19. und 20.Jahrhundert), Stuttgart - Bad Cannstatt 1985.

Hanse, Städte, Bünde. Die sächsischen Städte zwischen Elbe und Weser um 1500, Katalog der Ausstellung in Magdeburg 1996 [nachfolgend in Braunschweig], Bd.1-2, Hg. Matthias Puhle, Magdeburg 1996

Kunst- und kulturgeschichtliche Zeugnisse

G. Ulrich Großmann, Hannover und das südliche Niedersachsen. Geschichte, Kunst und Landschaft zwischen Harz und Weser, Braunschweig und Göttingen, 2., durchgesehene und aktualisierte Auflage, Köln: DuMont Buchverlag, 1988 (Neuauflagen unter veränd. Titel)

Kunstdenkmäler des Bezirks Magdeburg. Bildband, Bearb. Horst Drescher, Gerda Herrmann und Christa Stepansky, Berlin: Akademie-Verlag, 1983 (überarb. Auflage von 1993 in Titel, Raum und Gliederung verändert)

Hans-Joachim Krause (Red.), Denkmale in Sachsen-Anhalt. Ihre Erhaltung und Pflege in den Bezirken Halle und Magdeburg, erarbeitet im Institut für Denkmalpflege Arbeitsstelle Halle, Weimar 1983

Horst Scholke, Romanische Architektur am Harz, mit Fotos von Christoph Sandig, Weinheim 1987

Martin Gosebruch, Der Braunschweiger Dom und seine Bildwerke, Aufnahmen von Jutta Brüdern, Königstein im Taunus 1980

Martin Gosebruch und Hans-Henning Grote (Hgg.), Königslutter und Oberitalien. Kunst des 12. Jahrhunderts in Sachsen, Sonderausstellung im Braunschweigischen Landesmuseum Oktober-November 1980, 2., überarb. Auflage, Braunschweig 1982

Eberhard Czaya, Die Straße der Romanik, Köln 1998 (DuMont-Reise-Taschenbücher, 2151)

Patrick M. de Winter, Der Welfenschatz. Zeugnis sakraler Kunst des Deutschen Mittelalters, Hannover 1986

Ute Bednarz et al., Kostbarkeiten aus dem Domschatz zu Halberstadt, Hg. Landesamt für Denkmalpflege Sachsen-Anhalt [...], 2., überarb. Auflage, Halle (Saale) 2006

Hans Adolf Schultz, Burgen und Schlösser des Braunschweiger Landes, 6. Auflage, Cremlingen 1990

Helmut Trunz, Welfenschlösser in Nord- und Westdeutschland, Holzminden 2006

Hermann Wäscher, Feudalburgen in den Bezirken Halle und Magdeburg, Bd.1-2, Berlin 1962

Hans-Hartmut Schauer, Fachwerkbauten in Sachsen-Anhalt, in: Schauer et al., Fachwerkbauten [...] Untersuchungen zur Bau- und Formenentwicklung des Fachwerks und zum heutigen Bestand in den fünf neuen Bundesländern, Berlin München 1992, S.79-176

Udo Gebauhr (Hg.), Wege zu Ottmer. Ein Führer zu den erhaltenen Bauten des Architekten Carl Theodor Ottmer (1800-1843), Bearb. Monika Lemke-Kokkelink u.a., Braunschweig 2000

Biographien, Personengeschichte

Matthias Tullner (Hg.), Persönlichkeiten der Geschichte Sachsen-Anhalts, Halle 1998

Braunschweigisches Biographisches Lexikon: 8. bis 18. Jahrhundert, Hg. H.-R. Jarck, Braunschweig 2006; 19. und 20. Jahrhundert, Hgg. H.-R. Jarck und Günter Scheel, Hannover 1996

Hans Schönecke, ... nur ödet mich das miese Wetter. Auf den Spuren von Hermann Löns in der Südheide bei Gifhorn, Gifhorn 2005

Diversa

Heinz Glade, Aus Altmark, Börde und Harzvorland, Leipzig 1979

Der Harz. Natur, Geschichte, Kultur. Eine Bilderreise, Texte Birgit Czyppull, Fotos Sigurd Elert, Holzminden 2007

Braunschweiger Stadtlexikon, Herausgegeben im Auftrag der Stadt Braunschweig von L. Camerer et al., Braunschweig 1992

Stefan Jacobasch und Robert Slawski, Mit dem Rad rund um Braunschweig. Von Kurzausflügen bis Tagestouren - Radfahren zwischen Harz und Heide, 3., neu bearb. und erw. Auflage, Braunschweig 2004